BIBLIOTHÈQUE DÉMOCRATIQUE

CHARLES LEMONNIER

LES

ÉTATS-UNIS

D'EUROPE

PARIS

LIBRAIRIE DE LA BIBLIOTHÈQUE DÉMOCRATIQUE
9, place des Victoires, 9

30 centimes
45 CENTIMES RENDU FRANCO DANS TOUTE LA FRANCE
1re édition. — 1872.

LES

ÉTATS-UNIS D'EUROPE

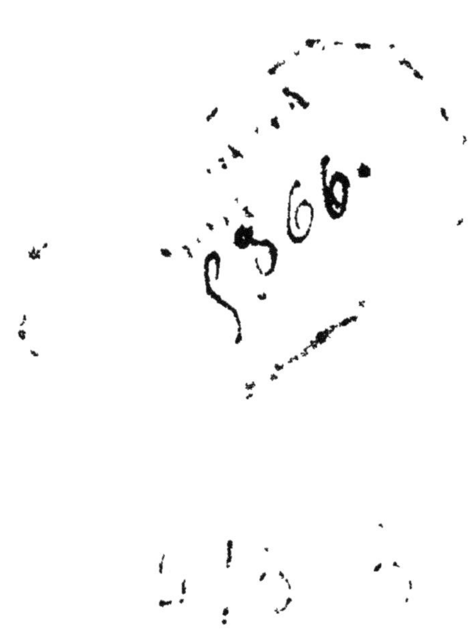

BIBLIOTHÈQUE DÉMOCRATIQUE

DIRECTEUR : M. VICTOR POUPIN

CHARLES LEMONNIER

LES ÉTATS-UNIS D'EUROPE

PARIS

LIBRAIRIE DE LA BIBLIOTHÈQUE DÉMOCRATIQUE

9, PLACE DES VICTOIRES, 9

1872

CHARLES LEMONNIER

Professeur de philosophie à vingt et un ans, au collége de Sorèze, Charles Lemonnier donne bientôt sa démission pour conserver la liberté de ses opinions.

Il devient alors, en 1829, un des adeptes les plus fervents du saint-simonisme, et chaque jour, pendant deux ans, par la plume et par la parole, à Montpellier, à Paris, à Toulouse, il prêche la nouvelle doctrine, pour laquelle il n'hésite pas à sacrifier sa fortune.

Reçu docteur en droit, en 1834, il entre au barreau de Bordeaux, et il y plaide avec succès pendant douze ans, sans pour cela cesser d'écrire; il publie notamment en 1843, sur *les Assurances maritimes*, un ouvrage qui fait encore autorité.

De retour à Paris, après avoir dirigé le contentieux de plusieurs grandes compagnies, il prend en 1854 une part active à la fondation et à la rédaction de la *Revue religieuse et philosophique*, promptement supprimée par l'Empire.

En 1858, il entre au *Phare de la Loire*, et en 1859 il donne une édition des œuvres choisies de Saint-Simon, avec préface et introduction.

A la suite du premier *Congrès de la paix et de la liberté*, tenu à Genève, en 1867, sous la présidence de Garibaldi, Charles Lemonnier devient un des fondateurs et des organisateurs principaux de la *Ligue internationale de la paix et de la liberté*, ainsi que l'un des rédacteurs les plus infatigables du journal : *les Etats-Unis d'Europe*, organe de la Ligue.

En 1871, il édite à ses frais la *Philosophie des constitutions politiques*, ouvrage posthume de son ami Léon Brothier, en tête duquel il place une préface où il apprécie et juge impartialement le mouvement politique du 18 mars 1871.

Traduit devant la cour d'assises de la Loire-Inférieure, en 1872, sous la prévention d'outrages à la commission des grâces et à l'Assemblée nationale, il est acquitté par le jury de Nantes.

Parmi ses nombreux écrits philosophiques, politiques et économiques, il faut citer : en 1863, une introduction au Glossaire de la langue philosophique, par Léon Brothier; en 1866, une notice biographique consacrée à la mémoire de madame Elisa Lemonnier; en 1869, un *Mémoire* sur cette question : *Déterminer les bases d'une organisati n fédérale de l'Europe*, et en 1871 un autre *Mémoire : Question sociale*, tous deux insérés dans les bulletins officiels du premier et du deuxième congrès de Lausanne.

Il appartenait à notre dévoué collaborateur d'écrire ce livre : *les Etats-Unis d'Europe*. En effet, M. Charles Lemonnier a l'honneur de partager aujourd'hui avec M. Amand Goegg, ancien ministre des finances de la république badoise, la vice-présidence de la *Ligue internationale de la paix et de la liberté*, dont voici la devise : Si vis pacem, para libertatem.

Victor POUPIN.

LES
ÉTATS-UNIS D'EUROPE

INTRODUCTION

—

On a tout dit, et justement, contre la guerre ; mais la guerre persiste.

Les anathèmes se sont perdus en fumée ; les peuples se sont montrés aussi sanguinaires que les rois, et plus fous que les rois, car c'est le sang des peuples qui coule.

Le procès de la guerre n'est donc plus à faire; mais cette chose monstrueuse subsiste : qui la détruira? La philosophie, l'économie politique, la morale s'y sont épuisées. Je ne parle point de la religion, parce que la religion est elle-même une semence de guerre; parce que la religion, le même jour, à la même minute, bénit et condamne, excuse et flétrit, excommunie ou sanctifie, tous les drapeaux suivant son intérêt propre.

A l'heure même où nous prenons la plume, le monde est encore dans l'épouvante à cause de la lutte où la France et l'Allemagne se sont ruées. Toutes deux, dont l'accord devrait fonder la paix et la liberté de l'Europe,

se sont misérablement souillées du sang
de leurs enfants : l'une tout enflée de
sa honteuse victoire, l'autre ne respi-
rant que la vengeance.

L'Alsace et la Lorraine forcées, ra-
vies, volées, asservies, mais non
domptées; la France payant de son
sang le plus pur vingt années de cé-
sarisme; l'Allemagne affolée prodi-
guant le sien au César qui la désho-
nore; la force primant le droit, et
s'érigeant elle-même en maxime; l'Europe égoïste se chargeant plus que
jamais de soldats; le travail, la science,
la passion appliqués partout à la destruction des hommes, tel est le spectacle.

Cinq millions, six millions bientôt

de soldats sous les armes ; cinq, six milliards dépensés annuellement pour les choses de la guerre, sans compter la rançon frappée par l'Allemagne sur la France, tel est pour l'Europe le bilan de la paix armée.

Pendant ce temps, les États-Unis d'Amérique ont vendu leurs navires cuirassés, rentré leurs armes dans les arsenaux, licencié leur armée, renvoyé à l'atelier, au comptoir, à la charrue, aux navires, le million d'hommes qu'avait armé la guerre de la sécession, et ils nous donnent de nouveau l'exemple d'un grand peuple qui n'a d'autre armée que les milices employées à la police de chaque État, et qui applique à payer sa dette les forces intellectuelles, physiques et morales que notre vieux monde continue de dissiper en folies guerrières.

Les choses iront-elles toujours de ce train? Pourquoi cette utopie de la paix, — de la vraie paix, non point de cette paix armée qui n'est qu'une trêve, mais de la paix définitive et permanente, — qui est une réalité de l'autre côté de l'eau, ne prendrait-elle jamais corps sur ce bord-ci de l'Atlantique? Sommes-nous condamnés à poursuivre toujours le juste sans l'atteindre jamais? à voir sans cesse la vérité sans la pratiquer? à nous rouler dans le meurtre sans laver jamais le sang dont nous sommes souillés? Sommes-nous des bêtes fauves ou des hommes? Ne serons-nous jamais capables, voyant le juste, d'avoir la volonté de l'atteindre, et la force de nous y soumettre? Pourquoi l'exemple que donnent les peuples de Suisse et d'Amérique demeure-t-il vain? Quel est leur secret? Qu'a-t-on fait jusqu'à présent pour fonder la paix en Europe? Pourquoi les tentatives n'ont-elles pas abouti? Que se fait-il de notre temps? Que peut-on espérer? Surtout que peut-on, que doit-on faire, pour que cette espérance du plus grand bien que puisse souhaiter l'Europe cesse d'être un rêve? Telles sont les questions qu'on se propose.

I

Le grand dessein d'Henri IV.

Henri IV a l'honneur d'avoir le premier mis en avant, dans le champ de la politique, l'idée d'une fédération de peuples, ou, pour mieux dire, de gouvernements, destinée à fonder et à perpétuer la paix européenne.

C'est ce que Sully, qui en eut à peu près seul la confidence, appelle dans ses Mémoires : « le Grand dessein. »

Suivant lui, Henri IV en avait eu la pensée de très-bonne heure, et avait même élaboré cette pensée avec Élisabeth d'Angleterre.

Il attendit, pour songer à l'exécution, d'avoir mis la France en paix avec l'Europe par le traité de Vervins, et en paix avec elle-même par l'édit de Nantes. Ce ne fut que lorsqu'il eut rétabli les forces et la prospérité de la nation, amassé dans ses caves assez d'argent pour soutenir pendant trois ans la guerre qui était dans sa pensée le préliminaire obligé de la paix, que, d'accord avec son fidèle ministre, il noua par toute l'Europe les intrigues qui devaient assurer l'exécution.

Voici quel était son plan :

Sous la suprématie religieuse du Pape, il voulait établir une « République chrétienne » qui, soumettant aux décisions d'un tribunal arbitral permanent les différends qui pourraient naître entre les divers gouvernements, assurât partout la liberté de la religion, la liberté du commerce, l'indépendance intérieure; aux souverains la possession garantie de leurs États; aux peuples le bienfait de la paix; union défensive de tous au profit de chacun; union agressive de tous contre les Turcs mis au ban de l'Europe, et dont l'extermination devenait l'un des objets principaux de la république.

Tel était le plan général de cette confédération, qui devait se composer de quinze dominations ou États, le plus possible d'égale force et puissance.

Six monarchies héréditaires (1) :

1° France,
2° Espagne,
3° Angleterre,
4° Danemark,
5° Suède,
6° Lombardie.

Cinq monarchies électives :

7° La Papauté (2),
8° L'Empire germanique (3),

(1) Sully, *Mémoires*, t. V, p. 96.
(2) Le pape devait avoir, outre les terres qu'il possédait : le royaume de Naples et les hommages de la république italique et de la Sicile.
(3) L'empereur eût renoncé à s'agrandir ja-

9° La Pologne,
10° La Hongrie (1),
11° La Bohême.

Quatre républiques :

12° La Seigneurie de Venise (2),

mais par aucune confiscation, déshérence ou réversion de fiefs masculins, si l'empire n'eût pu être tenu consécutivement par deux princes d'une même maison, de peur qu'il ne s'y perpétuât, comme il faisait depuis longtemps en la maison d'Autriche.

(1) On eût joint au royaume de Hongrie la Transylvanie, la Moldavie et la Valachie; les sept électeurs des royaumes de Bohême et de Hongrie eussent été : 1° les nobles, le clergé et les villes de chaque pays; 2° le pape; 3° l'empereur; 4° le roi de France; 5° le roi d'Espagne; 6° le roi d'Angleterre; 7° pour une voix, les rois de Suède, de Danemark et de Pologne.

(2) Venise eût eu la Sicile en foi et hommage

13° La République italique, union des petits potentats et des villes d'Italie (1),

14° La République belge ou des Pays-Bas (2),

15° La République suisse (3).

« Pour régler tous les différends qui

du saint-siége, sans autre redevance qu'un *baisement de pieds* et un crucifix d'or tous les vingt ans.

(1) Florence, Gênes, Lucques, Mantoue, Parme, Monaco, relevant du pape sans autre redevance qu'un crucifix d'or d'une valeur de 10,000 francs.

(2) Les dix-sept provinces des Pays-Bas protestantes et catholiques, grossies des duchés de Clèves, Juliers, Berghes, Lamarck, Ravenstein et quelques autres principautés relevant de l'empire par un hommage simple tous les vingt-cinq ans.

(3) On eût incorporé à la république helvétienne la Franche-Comté, l'Alsace, le Tyrol,

fussent nés entre les confédérés, et les vider sans voie de fait, on eût établi un Conseil général composé de soixante personnes (Sully dit soixante et dix), quatre pour chaque domination. On eût placé ce Conseil dans quelque ville, au milieu de l'Europe : Metz, Nancy, Cologne ou autre. En outre, en trois autres villes, on eût établi trois autres Conseils composés chacun de vingt

le pays de Trente, dont elle eût fait hommage simple à l'Empire de vingt-cinq ans en vingt-cinq ans. (Péréfixe, *Vie d'Henri IV.*)

Le pape Paul V avait mis à son adhésion les conditions suivantes, qui avaient été acceptées : l'Empereur serait toujours un catholique; la religion romaine serait maintenue en tous ses droits, et les ecclésiastiques en tous leurs priviléges et libertés. Les protestants ne pourraient s'établir dans les pays où ils n'étaient pas au moment du traité. (Sully, *ibid.*, p. 139.)

hommes, qui, tous les trois, eussent été
en rapport avec le Conseil général. On
eût établi un ordre et des règlements
entre les souverains et les sujets pour
empêcher, d'un côté, l'oppression et la
tyrannie des princes, de l'autre, les
plaintes et les rébellions des sujets. On
eût encore réglé et assuré un fonds
d'argent et d'hommes auquel chaque
domination eût contribué, suivant la
cotisation fixée par le Conseil (1). »

Si l'on examine d'un peu près ce dessein que l'assassinat de celui qui
l'avait formé mit à néant, au moment
même où, profitant de l'occasion ou-
verte par la mort du duc de Clèves, il
allait en commencer l'exécution, on dé-

(1) Péréfixe, *Vie d'Henri IV.*

couvre deux grandes raisons qui en rendaient le résultat peu durable.

Ni Henri IV, ni Sully n'avaient, non plus qu'aucun de leurs contemporains, aucune notion du progrès humain.

En outre, quelque grande que fût la bonté naturelle de l'un, quelque respect qu'eût l'autre pour la justice, les peuples, au fond, n'étaient pour eux qu'un troupeau.

Il leur paraissait possible d'arrêter le monde au point où ils le prenaient, d'enfermer à tout jamais l'Europe dans un cadre tracé ; ils ne soupçonnaient point la force évolutive des sociétés humaines. Cette œuvre était donc la fragilité même. Le genre humain ne pouvait vivre sans la briser.

Henri IV ne connaissait point davantage le seul principe sur lequel puisse se fonder la paix : l'inviolabilité de la personne humaine étendue de l'individu aux peuples. La politique n'avait à ses yeux d'autre fondement que l'intérêt, ni, tout protestant qu'il fût, l'autorité d'autre sanction que la religion.

Cela paraît très-clairement dans le détail de son « Grand dessein ». Le véritable but était l'abaissement de l'Autriche et la destruction d'une prépondérance qui menaçait l'Europe. Les moyens d'action étaient conformes. Il n'y avait pas une seule des puissances qui, petite ou grande, n'eût, pour entrer dans ce dessein, un intérêt très-positif. Rousseau l'a très-bien vu. Chacun, dit-il, ne travaillait que dans son intérêt, et Henri les avait amorcés et liés par des promesses. Comme le dit très-bien M. Ch. Potvin (1), le Grand dessein n'était au fond qu'une conspiration de princes contre la monarchie universelle rêvée par l'Autriche. Ajoutons que cette conspiration était du même coup, et de fait, une conspiration contre les peuples ; car si elle affermissait quatre ou cinq républiques, elle consolidait partout la féodalité.

Enfin, et ceci est capital, les soixante membres du Conseil général ne représentant que les princes, et n'ayant par eux-mêmes aucun pouvoir qui ne pût

(1) *Le Génie de la paix en Belgique.*

leur être retiré, cette république chrétienne, née d'une intrigue de rois et
de princes, était exposée à périr de la
même façon.

———————

II

L'abbé de Saint-Pierre.

Le fameux projet de l'abbé de Saint-Pierre, sorti d'une conscience honnête et dicté par un amour désintéressé du bien public, n'est point meilleur.

Non-seulement on doit lui faire les deux reproches encourus par le Grand dessein : l'ignorance complète de la loi du progrès, et la méconnaissance absolue du droit des peuples; mais il est moins favorable encore à la liberté et à la justice, d'autant plus fragile par conséquent.

L'abbé de Saint-Pierre avait été le secrétaire de l'abbé de Polignac, chargé de représenter la France au congrès d'Utrecht (1712). Il avait vu de près les menées, les intrigues, l'immoralité de la diplomatie ; il avait touché ces ressorts grossiers qui se meuvent sous les apparences menteuses d'une politesse élégante : l'astuce, la fraude, la violence cachée, un mépris souverain de la vie et du travail des hommes. Son âme avait été révoltée ; il s'était sincèrement voué au bien public, il n'a pas écrit une ligne où ne respire cette honnêteté naturelle, mais il était à cent lieues du vrai principe de la justice.

On sent, en le lisant, le diplomate habitué à plier devant l'usage, l'honnête homme esclave des us et coutumes, qui, s'il le pressent, n'ose affirmer le droit imprescriptible et inaliénable des peuples à se posséder et à se gouverner eux-mêmes. Il eut pourtant, ce réformateur bénin, deux ans après la mort de Louis XIV, l'audace de contester les titres de celui à qui l'on avait de son vivant donné le surnom de Grand, et pour cet acte de courage il se vit, non-seulement exclu de l'Académie pendant sa vie, mais poursuivi après sa mort par la rancune royale ; ce ne fut, en effet, que vingt-cinq ans plus tard que d'Alembert osa prononcer son éloge public.

Voici, en raccourci, le projet de l'abbé

de Saint-Pierre, qui déclare modeste-
ment n'avoir fait que reprendre l'idée
d'Henri IV.

Il proposait l'établissement, par le
concours et la volonté des Puissances,
d'une confédération de tous les souverains, constituée par un Traité dont les
cinq articles principaux étaient les
suivants :

« 1° Des plénipotentiaires, nommés
par les souverains contractants, se tiendront en un lieu d'Europe déterminé
pour y former un congrès permanent ;

2° On spécifiera le nombre des souverains ayant voix dans la Diète, et le
nombre de ceux qui seront invités
d'accéder au Traité;

3° On garantira à chacun des membres de la Société la possession de ses États. Sa personne, sa famille, son pouvoir seront assurés contre toute autorité étrangère ou rébellion de ses sujets ;

4° La Diète sera le juge suprême des droits des associés ; il y sera décidé par arbitrage sur les intérêts de chacun d'eux ;

5° Tout allié infracteur du Traité sera mis au ban de l'Europe et proscrit comme un ennemi public. On armera conjointement et à frais communs contre tout État mis au ban de l'Europe. »

Le défaut radical de ce plan est de se fonder à côté du Droit.

L'abbé de Saint-Pierre, quoiqu'il écrive plus d'un siècle après la mort d'Henri IV, cinquante ans après Grotius, et du temps même de Patyn, ne se doute ni du principe évolutif qui règle la vie du genre humain, ni du principe de justice qui fonde l'autonomie des peuples sur l'autonomie de l'individu.

Il suppose, comme l'avait fait Henri IV, que le genre humain va s'enfermer entre les murailles de sa fédération européenne, que l'Europe restera éternellement distribuée géographiquement et politiquement entre les vingt-deux Puissances dont il trace les limites (1). Il lui eût suffi pourtant

(1) France, Espagne, Portugal, Angleterre et Hanovre, Hollande, Danemark, Suède, Prusse, Pologne et Saxe, Courlande et associés, Moscovie, Autriche, Palatinat et associés,

de comparer l'Europe telle qu'il la trouvait à l'Europe telle que l'avait tracée
le Grand dessein, pour voir quelle folie
c'était de prétendre immobiliser ce
grand corps.

Étudié en lui-même, le plan manque
de solidité; les gouvernements que conçoit l'abbé de Saint-Pierre ne sont point
homogènes, ni par conséquent véritablement solidaires : diversité d'origine
et de tradition, opposition de vues, opposition d'intérêts, tout les divise; aucun ne peut ni donner, ni recevoir une
garantie suffisante.

Les diverses puissances s'allient,

Archevêques et Électeurs associés, Lorraine
et associés, Bavière et associés, Suisse et associés, Sicile et Savoie, Gênes et associés, Florence et associés, Rome, Venise.

contractent, s'unissent par un simple traité, mais elles ne se fondent réellement point en un même corps, et ne forment pas une organisation nouvelle. Il y a juxtaposition, et non pas union véritable.

Aucune des puissances ne désarme ; aucune ne renonce explicitement au droit de paix et de guerre ; il ne se trouve point, au-dessus de toutes et de chacune, un pouvoir plus fort, indépendant, qui exerce une action efficacement coercitive.

La Diète arbitrale qui doit juger souverainement les différends entre les associés n'est guère qu'un congrès ordinaire de diplomates. Chacun de ses membres sera le représentant d'un inté-

rêt spécial ; préoccupé de défendre /
son mandat, plutôt que de faire préva-
loir la justice et l'intérêt général de la
confédération, il sera toujours un juge
partial, prévenu, suspect, animé lui-
même d'une méfiance pareille à celle
qu'il inspirera.

Il est visible qu'une intrigue nouée
entre deux ou trois confédérés pourra
toujours rompre la fédération, et que
la clause : « d'un armement commun
contre tout État mis au ban de l'Europe », sera toujours éludée ou mise à
néant par la révolte d'une Puissance
qui, avec l'impudence et la mauvaise
foi habituelles en politique, se mettra
en dehors de la parole donnée.

En résumé, trois conditions essentiel-
les manquent au projet :

L'homogénéité d'intérêt et d'organisation ;

Le désarmement effectif de chaque membre de la confédération ;

La formation d'un gouvernement supérieur, ayant seul la disposition des finances et de l'armée de la Fédération.

Nous avons fait avec quelque détail cette critique du projet de l'abbé de Saint-Pierre, parce que les points qu'elle touche indiquent à l'avance les bases sur lesquelles doivent, suivant nous, se constituer les *États-Unis d'Europe*.

III

Kant.

De l'abbé de Saint-Pierre à Kant il
y a un abîme.

L'abbé de Saint-Pierre n'est point
sorti des ornières de la vieille politique ; il n'eut même point le pressenti-
ment de la Révolution ; il portait le
joug pesant de la tradition théologique
et féodale. C'était au nom du sentiment et, qui pis est, au nom de l'intérêt des rois au moins autant qu'au nom

de l'intérêt des peuples, qu'il rêvait l'établissement de la paix ; ne voyant point la contradiction qu'il introduisait parmi les termes mêmes du problème. L'abbé de Saint-Pierre n'avait point la claire intuition de la justice, et ne s'appuyait point sur le fondement inébranlable du Droit. Le but le mieux défini de la confédération qu'il décrit est la garantie donnée aux dynasties de la perpétuité de leur domination ; c'est une assurance mutuelle des gouvernements contre les peuples : préface de la Sainte-Alliance.

Kant eut pour lui non-seulement la force du génie, mais la vive lumière d'une conscience droite ; il comprit et féconda l'idée de la Révolution. Il vit la fin du siècle dont l'abbé de Saint-Pierre n'avait connu que les faibles commencements. Du fond de son petit cabinet de Kœnigsberg Kant avait vu défiler la grande phalange des philosophes, et se dérouler le spectacle éblouissant de la naissance du monde moderne.

Kant, qui a mis a découvert les vrais fondements de la Morale, et porté cette science dans une lumière plus haute et plus vive que ne l'a fait personne avant lui, préparait encore sa *Métaphysique des mœurs* lorsque le traité de Bâle vint mettre un terme à la guerre que pendant trois ans la République française avait victorieusement soutenue contre la coalition européenne.

Le roi de Prusse avait été réduit à signer la paix. Les esprits étaient épouvantés des horreurs de la guerre, pénétrés du besoin de la paix, préoccupés de rendre durable celle qu'on venait de conclure. Kant voulut faire au droit international l'application des règles de la justice, dont il avait, dix ans plus tôt, déposé le principe dans les *Fondements de la métaphysique des mœurs*. Il entreprit de montrer que la Politique doit se soumettre à la Morale, et que par cette voie, mais par cette voie seulement, les peuples ne peuvent manquer d'arriver à l'établissement de la paix. Il fit donc reposer sur la justice l'édifice que l'abbé de Saint-Pierre n'avait fondé que sur les débris de l'ancien régime. Il écrivit, en 1704, une brochure d'une centaine de pages : *Esquisse philosophique d'un projet de paix perpétuelle.* C'était un simple opuscule d'un ton tout différent de la gravité forte et simple qui respire dans les autres œuvres du philosophe. Kant y avait pris la forme semi-plaisante, semi-sérieuse d'un protocole diplomatique. L'ironie, toujours fine, souvent mordante et âpre, y éclate à chaque ligne. Kant venait de passer de longues années à méditer sur les rapports de la politique et de la morale; on sent à chaque page l'effort d'une pensée puissante qui se résume et se contient. Cet écrit eut un grand et prompt retentissement. La première édition fut enlevée en quelques semaines; une seconde édition parut en 1796 ; elle fut immédiatement traduite en français (1). Mais les événements se

(1) *Projet de paix perpétuelle, Essai philosophique*, par Kant; traduit de l'allemand avec un nouveau *Supplément* de l'auteur. — Paris, Janson et Perronneau. — An IV.

précipitèrent : le Directoire, le Consulat, le premier Empire, la Sainte-Alliance, la Restauration répandirent des ténèbres qui certes sont loin d'être dissipées; la Prusse, qui avait failli disparaître, se mit à préparer dans l'ombre la revanche de 1871 ; les peuples restèrent la proie des empereurs et des rois ; la République brilla comme un éclair sur l'Allemagne et sur la France ; le second Empire nous enfonça dans la corruption aussi bas qu'un peuple peut y descendre. On sait le reste ! la guerre, plus horrible qu'elle ne fut jamais ; la corruption française passée en Allemagne, sous une autre forme : tout un peuple enivré de fureur égoïste, s'inféodant au service des brutalités césariennes; les maximes les plus éhontées non-seulement proclamées cyniquement, mais triomphantes ; en pleine Europe, immobile et muette, le rapt de l'Alsace et de la Lorraine ; la haine flagrante entre les deux plus grands peuples de l'Europe continentale, voilà où nous en sommes, Allemands, Français, Anglais, Italiens, Espagnols !

Où s'est envolée cette feuille : l'*Essai sur la paix perpétuelle?* Où cette semence est-elle tombée? Quand germera-t-elle? Qu'est devenu Kant? C'est à lui pourtant qu'il faut revenir : ni Bismarck, ni Bonaparte ne l'ont renversé : sa grande figure est toujours debout ; elle regarde et attend.

Voici l'analyse très-rapide de l'*Essai sur la paix perpétuelle :*

Dans l'état primitif, dans l'état de nature, la présence, le voisinage de l'homme est souvent une menace, et toujours un péril pour l'homme. Le combat pour l'existence est loi de nature. Il faut que les hommes s'exterminent ou s'associent; point de milieu. Dans cette alternative, que leur commandent l'intérèt, le sentiment, la **raison**? Le péril du voisinage ne peut cesser que par un établissement juridique. Des lois, des tribunaux, une force publique, voilà le secret de la sécurité civile dont les nations d'Europe jouissent, à peu près toutes, dans leur intérieur. C'est ainsi que se trouvent assez bien garantis la vie, le travail, la fortune des citoyens chez un même peuple. Mais de peuple à peuple l'état de nature, l'état de guerre subsiste encore partout. La force et la ruse demeurent les arbitres suprêmes. La méfiance est la règle, et la violence le moyen de décider. Les traités de paix ne sont que des trêves. Chacun de ceux qui les signent s'est réservé de les violer quand il serait assez fort pour le faire. Non-seulement, il n'y a point d'autre voie que les armes pour vider les différends internationaux, mais chaque gouvernement, chaque peuple nourrit en soi-même la pensée de s'agrandir au détriment de ses voisins. Nul ne connaît d'autre autorité que la force. La justice qui règne imparfaitement dans le droit civil et dans le droit public n'existe point du tout entre les nations. A proprement parler, il n'y a point de droit international.

Le problème de la paix gît donc dans la formation d'un établissement juridique international, grâce auquel l'équilibre instable que maintient aujourd'hui, au milieu de menaces perpétuelles de rupture, la diversité et l'opposition des intérêts, devienne un équilibre définitif, et forme, non pas au-dessus, mais en dehors des peuples, une autorité émanée d'eux, qui juge leurs différends, règle leurs intérêts communs, et dispose d'une force suffisante pour que toute opposition à ses décisions soit impossible.

A l'époque où Kant écrivait, les États-Unis d'Amérique naissaient à peine, et la Confédération suisse était loin d'avoir la forte consistance que nous lui voyons ; Kant n'en parle point.

D'ailleurs, il ne songe point à demander des preuves à l'histoire, ce n'est point sa méthode ; il interroge, il observe la conscience humaine. Ce qu'il y cherche, nous ajouterons, ce qu'il y trouve, c'est le principe sur lequel doit s'établir la constitution de cette Fédération européenne, sans l'établissement de laquelle la paix lui semble impossible. Il n'hésite point : la meilleure constitution politique est la constitution républicaine; il en donne deux raisons. D'abord, elle est la seule qui, reconnaissant le droit qu'a tout peuple de s'appartenir à lui-même, repose sur ces trois maximes, bases de la morale :

Les citoyens ne doivent obéir qu'aux lois qu'ils ont consenties soit directement, soit par leurs représentants ;

Tout citoyen doit obéir également à toutes les lois ;

Tout citoyen doit être une fin pour tous les autres, jamais un moyen.

En même temps que ces trois maximes sont la traduction exacte des principes de la morale, elles correspondent aux trois termes de la devise républicaine : Liberté, Égalité, Fraternité.

La seconde raison pour laquelle Kant estime que la constitution républicaine est la meilleure, c'est que selon cette constitution le droit de paix et de guerre ne peut être exercé que par le peuple ; or, la guerre est le plus

souvent dans l'intérêt exclusif des princes et des rois qui en ont les profits et
bien rarement les périls.

On voit du premier coup d'œil combien l'œuvre de Kant est supérieure au
projet de l'abbé de Saint-Pierre; et,
chose admirable, cette supériorité
vient précisément de ce que, au lieu de
chercher l'utile, Kant, suivant sa
méthode, cherchant le juste, a trouvé
l'utile par surcroît.

En concluant que la paix ne peut
être établie que sur une fédération de
peuples constituée sous la forme républicaine, Kant donne à l'organisation
politique nouvelle, dont il trace le
plan, l'homogénéité sans laquelle il ne
peut y avoir de solidité. Par cela seul

que les peuples fédérés auront adopté chacun pour leur constitution propre la forme républicaine, la cause principale de la guerre se trouve supprimée : les compétitions, les ambitions, les intrigues dynastiques.

Une autre remarque, et capitale, c'est le soin qu'a pris Kant de contenir et de définir le cosmopolitisme. Le droit cosmopolitique est limité par lui au droit qu'a tout étranger d'être accueilli en ami, mais non point en associé, ni comme membre de la cité. Kant n'abolit ni la patrie, ni le patriotisme. Preuve admirable de sens pratique : Kant n'admet dans la fédération que des peuples parvenus au même degré de civilisation, autant que possible égaux et pareils, ayant les mêmes besoins, les mêmes lumières. Ce n'est point du tout la République universelle qu'il propose, mais, bien qu'il n'écrive point le mot, la République fédérative européenne.

Cette analyse sommaire de l'opuscule de Kant serait incomplète si nous omettions l'Appendice dans lequel il établit, avec tant de force, que le principe de la Morale doit régir et vivifier la politique ; qu'il n'y a point deux morales : l'une obligatoire, pour les individus dans la sphère du droit civil ; l'autre contraire, tout au moins dérogatoire à la première, régissant les gouvernements dans la sphère du droit public, et les nations dans la sphère du droit international ; que le seul fondement solide de la politique est le principe même de la justice, lequel n'est autre que le respect de l'autonomie de toute personne humaine. Il montre admirablement que c'est en s'appliquant uniquement à la pratique constante et universelle de la justice que l'on peut parvenir à la stabilité de la politique, c'est-à-dire à la paix.

En résumé, la conclusion pratique de l'*Essai sur la paix perpétuelle* est l'affirmation de la nécessité d'une constitution fédérale des peuples d'Europe, et la démonstration de la possibilité de cette fédération vers laquelle les nations sont poussées par tous les courants de la civilisation. « La paix est le but de toute chose, » avait admirablement dit, dès les premières années du dix-huitième siècle, un publiciste belge (1).

(1) Ch. Patyn, cité par M. Ch. Potvin dans son beau livre : *le Génie de la paix en Belgique*. Ch. Patyn écrivait en 1726. « Nous devons, dit-il, chercher la paix, conduits par les règles de la justice. C'est à ce point unique que tendent les lois naturelles et civiles; la paix est le but de toute chose. »

IV

Saint-Simon.

Entre l'abbé de Saint-Pierre et Kant, disions-nous tout à l'heure, il y a un abîme; entre Kant et Saint-Simon, autre abîme. Saint-Simon est avant tout un *politique,* et Kant un *moraliste;* le premier cherche l'utile, le second cherche le juste; l'un s'appuie sur l'expérience, le second sur les conceptions de la raison. L'histoire est l'oracle de Saint-Simon; la conscience est l'oracle de Kant.

En 1814, le premier Empire s'est écroulé ; la coalition européenne, vaincue en 1795, est cette fois victorieuse ; les rois sont assemblés pour étouffer la Révolution ; les diplomates, réunis à Vienne, refont la carte d'Europe, et se partagent les peuples. La force prime le droit. Saint-Simon qui, depuis 1802, poursuit obstinément l'idée à laquelle sera dévouée toute sa vie : « terminer d'une manière douce l'effroyable crise dans laquelle toute la société européenne est engagée », écrit, en toute hâte, par la plume de son disciple, Augustin Thierry, une brochure dont l'apparition fit quasi autant de bruit, en 1814, qu'en avait fait, en 1796, l'*Essai sur la paix perpétuelle*. Le titre résume très-bien le livre :

*Réorganisation de la Société euro-
péenne ; nécessité et moyen de rassembler les peuples d'Europe en un seul
corps politique en conservant à chacun
son indépendance nationale.*

Si la méthode de Saint-Simon et de
Kant diffère, l'idée est la même, et le
sous-titre de la brochure de l'un contient, et résume très-bien la conclusion
du petit livre de l'autre.

Saint-Simon n'avait point l'habi-
tude de se parer des dépouilles d'au-
trui ; il mit toujours, au contraire, un
scrupule extrême à indiquer les sources ; de même qu'il rend pleine justice
à l'abbé de Saint-Pierre, tout en faisant une critique vigoureuse de son
projet, de même il eut fait remonter

à Kant l'honneur des idées qu'il lui eût empruntées. Nous concluons de son silence qu'il n'a point connu le travail du philosophe de Kœnigsberg. La ressemblance entre leurs idées est d'autant plus frappante que la méthode qu'ils suivent est plus contraire. .

Le travail de Saint-Simon peut se réduire à quatre idées fondamentales :

« L'Europe, pendant le moyen âge, nous offre l'image d'un ensemble politique coordonné sous l'influence de l'idée chrétienne ou plutôt catholique, incarnée dans la papauté. Mais, depuis le traité de Westphalie, toute unité est rompue ; sourde ou déclarée, la guerre est permanente ; l'histoire est une suite d'embuscades ; les paix conclues ne sont que des trêves. Le seul moyen d'établir en Europe une paix durable est de rassembler les peuples en une seule organisation.

L'abbé de Saint-Pierre eut cette idée très-grande et très-juste, mais il ne l'eut ni complète, ni praticable. Son plan laissait subsister la contrariété des intérêts, et ne créait point une autorité assez forte pour rendre les résistances impossibles.

La première condition d'une organisation politique européenne est l'homogénéité des parties qui la constitueront (1) ; toutes les institutions doivent

(1) *Œuvres choisies de Saint-Simon*, t. II, p. 288 et suivantes. Sandoz et Fischbacher, 33, rue de Seine.

y être la conséquence d'une conception unique, et le gouvernement à tous les degrés doit y avoir la même forme.

Le gouvernement général doit être indépendant des gouvernements nationaux. Ceux qui composeront le gouvernement général doivent être portés par leur position à concevoir des vues générales, à s'occuper spécialement des intérêts généraux. Ils doivent être forts d'une puissance qui réside en eux et qui ne doive rien à une puissance étrangère ; cette puissance est l'opinion publique.

La meilleure forme de gouvernement est la forme parlementaire, dans laquelle le gouvernement appartient à un roi et à deux Chambres.

Puisque le gouvernement parlementaire est la meilleure de toutes les constitutions, toutes les nations européennes doivent être gouvernées chacune par un parlement national, et concourir à la formation d'un parlement général qui décide des intérêts communs de la société européenne. »

En un mot : « L'Europe aurait la
« meilleure organisation possible si
« toutes les nations qu'elle renferme,
« étant gouvernées chacune par un
« parlement, reconnaissaient la supré-
« matie d'un parlement général placé
« au-dessus de tous les gouvernements
« nationaux, et investi du pouvoir de
« juger leurs différends (1). »

(1) *Ibid.*

Cette formule très-claire, très-précise, donnée, il ne reste plus qu'à tracer la constitution du parlement européen.

Il sera formé d'une Chambre des députés, d'une Chambre des pairs et d'un roi.

La Chambre des députés, exclusivement composée de savants, de magistrats et d'administrateurs sera formée de deux cent quarante membres, à raison de quatre députés par chaque million d'Européens sachant lire et écrire : un négociant, un magistrat, un savant, un administrateur.

La Chambre des pairs sera composée d'un nombre de membres indéterminé, choisis par le roi. »

Deux clauses, que nous ne transcrivons qu'avec peine, déshonorent ce projet : chaque député doit être riche de vingt-cinq mille francs de rente en terre ; chaque pair riche de cinq cent mille francs de rente aussi en terre. Pour absorber toute opposition, à chaque élection on introduit dans la Chambre des députés, et l'on fait avec non moins de vigilance entrer dans la Chambre des pairs, les hommes qui se sont le plus distingués dans la science, dans la magistrature, dans l'administration, mais qui, n'ayant point atteint le degré de richesse exigé, sont dotés, — lisez corrompus, — par le cadeau qui est fait, aux premiers de vingt-cinq mille, aux seconds de cinq cent mille francs de rente en terre. Certes, nous voilà bien loin de Kant ! au pôle opposé, en pleine corruption césarienne.

Quant à la royauté européenne qu'il s'agissait d'installer au-dessus des deux assemblées dans une sphère de fastueuse et magnifique inaction, soit que l'imagination de Saint-Simon elle-même se soit trouvée impuissante pour un tel rêve, soit plutôt qu'il ait compris combien il était impossible d'obtenir des vanités impériales et royales la formation au-dessus d'elles d'une vanité plus haute encore, Saint-Simon élude en quelques lignes cette difficulté capitale.

« Le choix suprême de la société européenne est d'une telle importance, et exige un examen si scrupuleux qu'il en réserve la discussion pour un second ouvrage. »

Ajoutons qu'emporté sur la pente dangereuse de son projet, Saint-Simon déclare que : « Cette royauté européenne doit être héréditaire, » négation explicite du principe même de la justice : l'autonomie des peuples.

Comment pourra s'établir le parlement européen? La France et l'Angleterre, ayant déjà la forme parlementaire, pourront et devront former un parlement commun, chargé de régler les intérêts des deux nations. L'exemple de ce parlement anglo-français et son action sur les autres nations d'Europe hâteront facilement la constitution du parlement européen.

En résumé, ce n'est point dans la brochure de Saint-Simon qu'il faut chercher le principe de la fédération européenne dont il voit et dont il indique si clairement la nécessité. Saint-Simon est un empirique; il poursuit d'abord l'utile et non le juste, et manque le premier précisément pour ne s'être point attaché méthodiquement à la poursuite du second. L'échafaudage qu'il construit avec tant de hâte, en vue sans doute d'obtenir les suffrages des diplomates réunis à Vienne, n'a d'autre solidité que la solidité fragile du gouvernement parlementaire. Pour que la Fédération européenne ait consistance et durée, il faut qu'elle s'appuie sur le principe même de la justice, c'est-à-dire qu'elle prenne la forme républicaine; l'asseoir sur le principe d'hérédité, c'est la fonder sur une contradiction. Nous reviendrons sur ce point.

Un autre défaut, et de grande importance, c'est l'oubli que Saint-Simon fait, volontairement peut-être, du droit de paix et de guerre. Les divers gouvernements fédérés désarmeront-ils partout? Ou plutôt le roi d'Europe aura-t-il seul le droit de commander l'armée européenne? Saint-Simon est muet sur ce point; il semble même indiquer que les décisions du parlement européen n'auront d'autre sanction que l'opinion publique. Or, l'expérience du passé, et nous pouvons malheureusement ajouter l'expérience des temps modernes, fait assez voir l'insuffisance d'une telle sanction. Kant, qui n'a point à ménager une Sainte-Alliance, et qui ne s'adresse point à un congrès de diplomates, est plus explicite, et résout la question ainsi qu'elle doit l'être. La première chose que doivent faire les nations en entrant dans la Fédération, c'est de résigner au profit du gouvernement fédéral le droit de guerre et de paix; par là on obtient deux grands résultats : chaque peuple fait l'économie très-considérable des frais de son armée particulière, et tous se mettent mutuellement dans l'impossibilité réciproque de résister aux décisions du gouvernement qu'ils instituent; ils mettent donc ce gouvernement en état d'exercer une influence irrésistible en disposant d'une force relativement très-faible et très-peu coûteuse par conséquent.

Toute la brochure de Saint-Simon, improvisée sous le coup des événements, porte d'ailleurs les traces multipliées

d'une préoccupation visible : ne point
déplaire aux diplomates assemblés à
Vienne ; ne point les heurter ; obtenir
sinon leur adhésion, tout au moins leur
attention. On assure qu'en un point ce
calcul ne fut point trompé : Talley-
rand, dit la tradition saint - simo-
nienne, fut frappé de l'originalité har-
die qui conseillait une alliance étroite
entre la France et l'Angleterre, à
l'instant même où les haines nationales
étaient dans toute leur ardeur.

V

Les Sociétés de la paix en Angleterre et en Amérique.

Le genre humain, pareil à la mer, se meut par flux et reflux ; le progrès se fait par action et par réaction. Dès 1816 l'horreur des guerres qui venaient de couvrir l'Europe de sang et de ruines, poussa d'autant vers la paix tous les esprits élevés, tous les cœurs généreux. Au moment où les diplomates, plus préoccupés d'asservir les peuples et d'enchaîner la révolution que d'as-

seoir la paix sur ses vraies bases, for-
geaient les chaînes de la Sainte-Alliance et se passaient l'un à l'autre les
territoires et les peuples comme on
partagerait des métairies et des trou-
peaux, quelques hommes dévoués for-
maient à Londres une Société de la
paix qui, depuis plus d'un demi-siècle,
n'a cessé de travailler contre la guerre
avec une énergie admirable. Fondée à
peu près exclusivement sur le sentiment religieux chrétien, cette Société
condamne de la manière la plus absolue la guerre dans tous les cas et sous
toutes les formes. Longtemps faible et
tournée en ridicule, elle a, par la per-
sévérance de son action, acquis une
grande force, et exercé en Angleterre
une influence appréciable. Elle a tenu
il y a quelque vingt-cinq ans quatre

ou cinq grands congrès européens :
à Bruxelles, à Édimbourg, à Londres,
à Paris, sans qu'il soit sorti de ces
assemblées autre chose que des aspirations sentimentales vers la paix et
la condamnation jusqu'ici à peu près
stérile des crimes et des maux de la
guerre (1).

(1) Il convient pourtant de faire une excep-
tion notable en faveur d'un fort beau travail
qui obtint en 1849 le prix fondé par le Congrès de la paix de Bruxelles. Son auteur, longtemps méconnu, M. Barra, mérite une place
à part parmi les esprits vigoureux qui ont vu
et tracé clairement les conditions de l'évolution politique qui peut seule chasser la guerre
et fonder la paix. M. Ch. Potvin, qui a consacré aux travaux de Barra tout un chapitre de
son *Génie de la paix en Belgique*, nous écrivait, il y a quelques semaines, que le Mémoire
de Barra, enfoui et quasi perdu dans je ne
sais quels cartons, va trouver enfin un édi-
teur.

En 1855, au moment où la guerre de Crimée allait s'allumer entre la France, l'Angleterre, l'Italie et la Russie, la Société de la paix fit solennellement auprès des puissances belligérantes des démarches conciliatrices qui, accueillies partout avec une feinte déférence, n'eurent aucun résultat.

En 1867, au moment de l'Exposition de Paris, la Société sollicita du gouvernement français, sans pouvoir l'obtenir, l'autorisation d'ouvrir un congrès à Paris. Provisoirement elle paraît avoir renoncé à ce mode de propagande, et concentre surtout son action dans l'intérieur de la Grande-Bretagne. Elle développe une extrême activité ; elle tient chaque année, à Londres, le jour anniversaire de sa fondation, une assemblée dans laquelle il est rendu compte des travaux faits depuis la réunion précédente; ces travaux sont considérables. Outre un journal mensuel, *the Herald of peace* (*le Messager de la paix*), la Société publie incessamment des milliers de petits traités consacrés à relever par la statistique, par l'histoire, par des considérations de tout ordre, les absurdités, les maux, les crimes de la guerre. Cinq ou six prédicateurs sont de plus occupés toute l'année à parcourir en Angleterre les villes et les bourgades pour y faire, par des lectures et par des conférences, une agitation perpétuelle en faveur de la paix.

Pendant longtemps, la Société de la paix, se tenant strictement enfermée

dans les limites de son programme ori-
ginaire, a pris un soin extrême de ne
point toucher à la politique ; il semble
que, depuis quelques années, elle ait
senti la nécessité de se départir de la
rigueur de cette règle, et de jour en
jour ses incursions sur le terrain qu'elle
s'était interdit deviennent plus visibles
et plus hardies. Elle est parvenue à
faire entrer à la Chambre des communes, où il représente le pays de
Galles, le membre éminent que, depuis
tant d'années, elle maintient à sa tête
dans les fonctions de secrétaire général, M. H. Richard, l'un des hommes
qui ont le plus et le mieux travaillé à
l'œuvre de la paix.

A l'heure même où nous écrivons,
cette Société fait une agitation con-

sidérable en vue d'appuyer, par un large concours de l'opinion publique, la motion que M. Richard va porter au parlement : « Que le gouvernement anglais propose aux divers gouvernements d'Europe d'introduire unanimement dans tous les traités d'alliance la clause que tout différend entre les peuples sera vidé par voie d'arbitrage. »

Outre l'agitation qui lui est propre, la Société de la paix favorise un mouvement parallèle qui se propage parmi les ouvriers anglais, réunis depuis un an sous le titre de : *Work's men peace Association* pour soutenir de leur côté la motion de M. Richard.

Voici en quels termes la Société de

la paix caractérise elle-même le but
qu'elle poursuit :

« L'objet de la Société est de combattre l'esprit de la guerre, et d'en
abolir, s'il se peut, la pratique. A cette
fin, elle imprime et répand des livres,
des traités et toute sorte de publica-
tions en diverses langues, destinées à
montrer que la guerre est contraire à
l'esprit du christianisme et aux intérêts du genre humain ; elle propage les
mêmes sentiments dans des meetings.
Elle s'efforce de découvrir, de signaler
et de soutenir toutes les mesures pratiques qui peuvent établir la paix sur la
terre ; parmi ces mesures, elle re-
commande le principe de non – inter-
vention, la réduction simultanée des
armements, l'introduction dans les trai-

tés de la clause d'arbitrage, et enfin la formation d'un congrès des nations. »

Nous ne connaissons probablement point toutes les *Sociétés de la paix* qui existent en Amérique, et nous n'avons sur celles que nous connaissons que des renseignements assez incomplets.

La plus ancienne des trois Sociétés américaines que nous connaissons est la *Société américaine de la paix*, fondée environ à la même époque que la Société de Londres ; puis vient l'*Association de la paix* fondée à Boston par la Société des Amis ; toutes les deux animées du même esprit que la Société de Londres et plus étroitement encore peut-être enfermées dans la sphère religieuse.

Il y a cinq ou six ans, il s'est fondé à Philadelphie une autre Société qui se nomme *Pensylvania universal peace society*.

Chacune de ces Sociétés a son journal spécial et correspond avec la Société anglaise. La Société de Philadelphie a pour organe *the Bond of peace*.

VI

Ligue internationale et permanente
de la paix.

Lorsqu'en des temps plus heureux, on écrira l'histoire de la décadence, de la guerre et de l'avénement de la paix, le printemps de l'année 1867 sera noté comme une époque climatérique. On sait que la guerre affreuse dont Napoléon III, pris stupidement au piége tendu par Bismarck, donna le signal en juillet 1870, avait failli éclater dès le mois de mars ou d'avril 1867. L'annexion du Luxembourg était en 1867 le brandon préparé par Bismarck. Les deux peuples, ils n'avaient point tort, se crurent alors l'un et. l'autre à deux doigts de la guerre; mais ni l'un ni l'autre ne la voulaient. Sur les deux rives du Rhin, un cri de réprobation unanime éclata. Bismarck comprit et n'insista point; il prit trois années de plus pour enivrer l'Allemagne d'un faux patriotisme : l'orage fut écarté. Mais le péril avait secoué les deux peuples et fait monter à la surface leurs vrais sentiments... Il a fallu trois ans d'intrigues, trois ans de perfidies, trois ans de machiavélisme pour que le peuple allemand et le peuple français affolés consentissent à se ruer l'un sur l'autre. En 1867, répétons-le, l'amour de la paix était dans tous les cœurs. Pendant que les ouvriers allemands et les ouvriers français échangeaient d'une rive à l'autre leurs déclarations fraternelles, un mouvement pareil éclatait dans les rangs de la bourgeoisie française. Au Havre, un publiciste dévoué, M. Santallier, fondait l'*Union de la paix*; à Paris se formait la *Ligue internationale et permanente de la paix* dont nous allons parler; à Genève, à la suite d'un grand congrès de la paix, naquit la *Ligue internationale de la paix et de la liberté* dont nous parlerons tout à l'heure.

Le fondateur véritable de la *Ligue internationale et permanente de la paix* est M. Frédéric Passy qui, dès le mois d'avril, en proposa la création dans le journal *le Temps*. Cette

Ligue s'est constituée le 3 mai 1867.
Dès sa naissance, elle a pris le caractère et l'allure de la Société de la
paix de Londres; plus soigneuse encore
peut-être que celle-ci de se placer à
l'écart de toute action politique, et
encore plus de tout ce qui de près ou
de loin peut toucher à la question sociale, elle s'est tenue exclusivement
sur le terrain de la revendication absolue de la paix. En tête de la liste de
ses fondateurs, elle inscrivait MM. Mi-
chel Chevalier, sénateur de l'empire,
Arlès Dufour, le père Hyacinthe, Martin Paschoud, Isidore, grand rabbin
du consistoire israélite de Paris. La
Ligue internationale et permanente de
la paix n'a point vu que toutes les parties de la réforme pacifique se touchent,
que la paix, la paix définitive, la paix

universelle et permanente, la vraie paix, ne peut se fonder que sur la liberté et par la liberté ; que les intérêts dynastiques et sacerdotaux sont partout les vraies causes et les plus actives de la guerre, et que rêver l'établissement de la paix autrement que par la constitution d'un État juridique international, c'est se repaître d'une éternelle illusion.

Dans la voie qu'elle a suivie et sur le terrain infécond qu'elle défriche, la Ligue internationale et permanente de la paix a cependant rendu des services véritables. C'est avec un zèle infatigable que M. F. Passy multiplie les conférences, écrit et répand par centaines des brochures qui, suivant son expression favorite, « font la guerre à la guerre. » C'est toujours un grand bien que de mettre sous les yeux des populations le tableau des maux de la guerre, mais quand le cœur est soulevé par tant d'horreurs, quand l'esprit cherche à sortir de ces abîmes, il demande autre chose que ces vaines peintures. Cette neutralité politique, au surplus, a valu à la Ligue internationale et permanente de la paix l'adhésion de la classe purement bourgeoise, surtout dans les pays que pénètre et domine encore l'esprit monarchique; en Belgique et en Hollande, par exemple. Tout récemment il s'est formé dans ce dernier pays une Société néerlandaise de la paix qui emboîte exactement le pas derrière la Ligue internationale et permanente de la paix, laissant même entrevoir contre l'idée

républicaine une aversion passionnée
que celle-ci du moins n'a jamais montrée.

Au moment même où nous écrivons,
la Ligue internationale et permanente de
la paix annonce qu'elle va renouveler ses
statuts et change son titre ; elle s'appellera désormais : Société des Amis de la
Paix, et elle déclare qu'elle a pour objet
la propagation et la défense des grands
principes de l'indépendance des nations,
de justice et de respect mutuel, principes dont la consécration pratique se
trouve dans la substitution de l'ARBI-
TRAGE aux solutions violentes de la
guerre : elle fait dans ce but, sans distinction de race, de couleur ou de sexe,
sans acception de parti ou de religion,
appel à toutes les bonnes volontés. Elle

publiera, à des époques indéterminées, un Bulletin dont les divers numéros tiendront les membres de la société au courant des événements, des faits et des idées.

VII

Ligue internationale de la paix et de la liberté.

La *Ligue internationale de la paix et de la liberté*, dont il nous reste à parler, s'est distinguée, dès sa naissance, de toutes les autres sociétés de la paix, par l'affirmation très-nette d'un programme politique.

Au moment où l'incident du Luxembourg venait d'ébranler l'Europe, le 5 mai 1867, le rédacteur en chef du

Phare de la Loire, M. E. Mangin, proposait en ces termes la réunion d'un congrès européen de la paix :

..... « La loi permet en France à vingt personnes de s'assembler. S'autorisant de cette faculté si mince, vingt citoyens se concerteraient ouvertement dans chaque centre un peu important, ils éliraient un délégué qui réclamerait par la voie de la presse l'adhésion écrite et même motivée de ses concitoyens, et qui, en possession de ce mandat, de ces adhésions, de ces nouveaux cahiers populaires, se rendrait au siége du congrès pour y poser publiquement les bases de l'union des peuples. »

Accueillie, développée, fomentée par

un petit groupe de démocrates français, cette idée fut par eux communiquée aux amis politiques qu'ils avaient en Suisse où s'organisa aussitôt un comité international dans lequel se rencontrèrent MM. Amand Gœgg, ancien ministre des finances du gouvernement républicain de Bade; J. Barni, traducteur des œuvres de Kant; Jolissaint, membre du conseil suisse des États; Ch. Menn, sculpteur, Leygues, César Stefani, Petit-Berthelé, de Bâle, le brave et bon général Bossak-Hawke, etc. (1).

(1) Les premières listes d'adhésion réunissaient les noms suivants : Louis Blanc, docteur L. Buchner, Victor Hugo, Edgar Quinet, Bordillon (d'Angers), Carnot, J. Favre, Pelletan, E. Acollas, Titus (de Bamberg), Louis Simon (de Trèves), Ch. Lemonnier, Léon Brothier, E. Garcin, E. Bonnemère, E. Yung, docteur Letourneau, Antide Martin, J. Ja-

Préparé par les soins de ce comité, le premier congrès de la paix et de la liberté s'ouvrit, à Genève, le 9 septembre 1867, sous la présidence du général Garibaldi qui, du fond de l'Italie, vint au milieu des bénédictions et des acclamations du peuple, prêter au congrès le prestige de sa gloire et l'éclat de sa présence. M. Jolissaint exerça la présidence effective, M. J. Barni la vice-présidence ; l'affluence fut immense. « Du dépouillement des listes fait par le trésorier du congrès, il-

coby, Mittermaier, Becker, A. S. Morin, docteur Guépin, docteur Riboli, Élysée Reclus, Mazurc, docteur Barrier, Clavel, Catalan, A. Naquet, Demmler, Mazoni, J. Stuart-Mill, Ed. Beales, E. Véron, A. Ranc, Kœmpfen, Drevet, Ch. Dollfus, Wyrouboff, Littré, W. Jarris, auro Macchi, Scheurer-Kestner, Zimmermann, Lavertujon, Aug. Barbier, Chassin, etc.

résulte que le total des adhésions reçues s'est élevé au chiffre de 10,666 sans compter les lettres égarées ou arrivées après coup. Parmi ces adhésions, beaucoup étaient envoyées par des associations nombreuses, dont le nom couvre un grand nombre de membres. Ce qui est incontestable, c'est que soixante mille adhérents de tous pays ayant assisté à ce congrès, jamais assemblée internationale ne fut ni plus nombreuse, ni plus universellement composée (1). »

Il n'est point dans notre plan de faire l'histoire de ce premier congrès, ni de ceux qui l'ont suivi d'année en année ; il suffit d'indiquer sommairement les principales résolutions qu'il a votées.

(1) *Annales du Congrès de Genève,* p. 99.

« Considérant que les grands États de l'Europe se sont montrés incapables de conserver la paix et d'assurer le développement régulier de toutes les forces morales et matérielles de la société moderne ;

« Considérant que l'existence et l'accroissement des armées permanentes constituant la guerre à l'état latent sont incompatibles avec la liberté et le bien-être de toutes les classes de la société, et principalement de la classe ouvrière,

« Le congrès, désireux de fonder la paix sur la démocratie et sur la liberté,

« Décide :

« Qu'une *Ligue de la paix et de la li-*

berté, véritable fédération cosmopolite, sera fondée ;

« Qu'il sera du devoir de chaque membre de cette Ligue de travailler à éclairer et à former l'opinion publique sur la véritable nature du gouvernement, exécuteur de la volonté générale, et sur les moyens d'éteindre l'ignorance et les préjugés qui entretiennent les différentes chances de guerre ;

« De préparer par ses constants efforts la substitution du système des milices nationales à celui des armées permanentes ;

« De faire mettre à l'ordre du jour, dans tous les pays, la situation des classes laborieuses et déshéritées, afin

que le bien-être individuel et général
vienne consolider la liberté politique
des citoyens;

« Décide en outre :

« L'institution d'un Comité central,
permanent et la fondation d'un journal
franco-allemand sous ce titre : *les États-
Unis d'Europe.* »

Les décisions de ce premier congrès
furent immédiatement mises à exécution. Le Comité central qu'il venait
d'instituer publia à Berne, en novembre et en décembre 1867, deux numé-
ros-prospectus des *États-Unis d'Europe,*
et, à partir du 5 janvier 1868 jusqu'au
25 avril 1869, ce journal parut régu-
lièrement, à Berne, chaque dimanche,

en deux éditions, l'une française, l'autre allemande, sous la direction de M. G. Vogt. Après une interruption de neuf mois, les *États-Unis d'Europe* prirent la forme d'un bulletin mensuel publié à Genève en langue française, sous la direction de M. J. Barni ; interrompue de nouveau en octobre 1870, leur publication vient d'être reprise à Genève où ils paraissent tous les jeudis en langue française, en attendant le moment où le Comité pourra reprendre la publication d'une édition allemande et faire paraître des éditions italienne et anglaise (1).

(1) On s'abonne aux *États-Unis d'Europe*, à Genève, rue des Savoises, 35 ; à Paris, chez MM. Sandoz et Fischbacher, 33, rue de Seine. — Prix de l'abonnement d'un an : pour la Suisse, 8 francs ; pour la France, l'Allemagne

Bien que la Ligue internationale de
la paix et de la liberté ait eu dès le
premier jour la pensée de préparer la
création des futurs *États-Unis d'Europe*, et que l'histoire de ses travaux
soit la meilleure introduction aux considérations définitives que nous dési-
rons présenter au lecteur, il n'entre
point dans notre plan d'écrire cette
histoire ; nous nous bornerons à indiquer fidèlement la suite et la filiation
des idées qui, année par année, viennent dans les congrès tenus par la Ligue, tracer au moins les traits principaux d'une conception qui est, à nos
yeux, l'idéal politique et social le plus

et la Belgique, 10 fr. 60 ; pour l'Italie, 10 francs;
pour l'Angleterre, 13 fr. 50 ; pour l'Amérique, 16 francs; pour tout autre pays, le prix
de la Suisse augmenté des frais de poste.

élevé que les nations européennes puissent se proposer aujourd'hui.

La Ligue a tenu jusqu'à présent cinq congrès :

A Genève, du 9 au 12 septembre 1867 ;

A Berne, du 22 au 26 septembre 1868 ;

A Lausanne, du 14 au 18 septembre 1869 ;

A Bâle, le 12 juillet 1870 ;

A Lausanne, du 25 au 29 septembre 1871.

Le deuxième congrès (Berne, 1868) affirma et développa les principes posés

par le congrès de Genève : le danger
des armées permanentes ; la nécessité
de les abolir (1); l'urgence d'une réforme sociale fondée sur la liberté ; la
nécessité d'une séparation absolue des
Églises et de l'État ; le vœu de la formation d'une fédération républicaine
des peuples d'Europe ; la reconnaissance en faveur des femmes de tous les
droits humains : économiques, civils, so-
ciaux et politiques, et la mise à l'étude
des moyens les plus propres à leur donner le plein exercice de ces droits.

Le troisième congrès (Lausanne

(1) L'ensemble des résolutions votées dan
ces cinq congrès se trouve à la fin du *Bulletin
officiel du cinquième congrès*, qui se trouve : à
Genève, 35, chemin des Savoises ; à Paris
chez MM. Sandoz et Fischbacher, 33, rue de
Seine.

1869), dont Victor Hugo accepta la présidence d'honneur, s'attacha surtout à déterminer les bases d'une organisation fédérale de l'Europe. Il est à propos de reproduire ici la résolution votée sur cette question parce qu'elle précise avec une grande clarté le but direct de la Ligue.

« Considérant que la cause fondamentale et permanente de l'état de guerre dans lequel se perpétue l'Europe est l'absence de toute institution juridique internationale ;

« Que la première condition pour qu'un tribunal international remplace par des décisions juridiques les solutions que la guerre et la diplomatie demandent vainement à la force et à la ruse, c'est que ce tribunal soit librement et directement élu et institué par la volonté des peuples, et qu'il ait pour règle de ses décisions des lois internationales librement votées par ces mêmes peuples ;

« Considérant que, quelle que soit l'autorité morale d'un tribunal, l'exécution de ses décisions, pour être effective, doit être sanctionnée par une force coercitive ;

« Considérant qu'une telle force ne peut exister légitimement qu'autant qu'elle serait constituée, réglée et conduite par la volonté directe des peuples ;

« Considérant que l'ensemble de ces

trois institutions : une loi internationale, un tribunal qui applique cette loi,
un pouvoir qui assure l'exécution des
décisions de ce tribunal, constitue un
gouvernement ;

« Le Congrès décide :

« Que le seul moyen de fonder la
paix en Europe est la formation d'une
fédération de peuples sous le nom
d'*États-Unis d'Europe* ;

« Que le gouvernement de cette .
union doit être républicain et fédératif,
c'est-à-dire reposer sur le principe de
la souveraineté du peuple, et respecter
l'autonomie et l'indépendance de chacun des membres de la confédération ;

« Que la constitution de ce gouvernement doit être perfectible ; . . . . . .

. . . .

« Qu'aucun peuple ne pourra entrer dans la Confédération européenne s'il n'a déjà le plein exercice :

« Du suffrage universel ;

« Du droit de consentir et de refuser l'impôt ;

« Du droit de paix et de guerre ;

« Du droit de conclure ou de ratifier les alliances politiques et les traités de commerce ;

« Du droit de perfectionner lui-même sa constitution. »

Le quatrième congrès de la paix et de la liberté devait s'ouvrir à Zurich en septembre 1870, mais, avant même que le programme des questions fût tracé, la guerre éclata, et le congrès extraordinaire tenu à Bâle le 12 juillet, à la veille même des hostilités, dut se borner au vote d'une éloquente protestation.

Parmi les résolutions qu'a votées en septembre 1871 le cinquième congrès de la paix et de la liberté, il en est deux qui méritent surtout l'attention. L'une relative à la *question sociale*, l'autre aux principes du droit international et politique. La place nous manque pour reproduire ici les considérants et le texte de ces deux résolutions, dont nous nous bornons à donner l'analyse. Le lecteur qui sera curieux d'en connaître les termes pourra consulter le Bulletin officiel de ce congrès.

Sur la question sociale, les résolutions votées et le rapport qui les précède déclarent que « l'autonomie, c'est-à-dire le droit qu'a toute personne de s'appartenir à elle-même est le principe commun de la morale, de la politique et de l'économie sociale. Le droit de propriété individuelle est la conséquence directe en même temps que la condition et la garantie de l'autonomie. La propriété individuelle et la faculté de capitalisation sont donc des droits humains. Dès lors, l'objet le plus général de la révolution sociale doit être l'extension et l'attribution à toutes et à tous du droit de propriété. Le moyen

le plus efficace et le plus juste d'opérer
en ce sens la transformation sociale,
c'est l'établissement et l'entretien par
les communes, par la nation, par la fédération européenne, d'un système complet d'éducation et d'instruction, laïque
et gratuite pour toutes et pour t us à
tous les degrés, obligatoire au degré
primaire, établissement auquel il serait
pourvu au moyen d'un impôt sur le re-
venu. »

Le rapport sur la deuxième question
— *Question politique* — fut fait par
M. Louis Simon, de Trèves, esprit éminent, dont ce beau travail fut la dernière œuvre. Quelques mois plus tard,
une maladie de foie l'enlevait à ses
amis. Les résolutions votées à la suite
du rapport de M. Simon sont assez

brèves pour que nous en donnions le
texte.

DROIT POLITIQUE.

« Dans une vraie république, l'obéissance aux verdicts du suffrage universel est le premier devoir du citoyen.
Tant que les libertés politiques, l'égalité
devant la loi, et par conséquent l'autonomie, c'est-à-dire l'indépendance de
la personne, ne sont pas violées, toute
prise d'armes d'une minorité contre la
majorité est un crime.

« La question sociale est au même
titre que toutes les autres, dans les
limites ci-dessus posées, subordonnée

au suffrage universel, ce moyen d'ordre suprême des sociétés modernes.

« L'ubiquité de la vie politique, maintenue par la fédération, ou rendue par la décentralisation aux groupes collectifs naturels d'un pays, est une condition essentielle du développement sain et durable de ce pays.

DROIT INTERNATIONAL.

« Le droit des populations de disposer d'elles-mêmes est supérieur à leur nationalité.

« Il n'y a pas deux morales : l'une à l'usage des empereurs, rois, princes, diplomates ;— l'autre à l'usage du commun des mortels. Il n'y a qu'une morale qui doit pénétrer partout, ou disparaître de partout.

« Il n'y a plus défense légitime contre un agresseur qui ne peut plus se défendre.

« L'annexion de la Lorraine et de l'Alsace, opérée sous le prétexte d'une défense contre des dangers futurs, n'est qu'une conquête pure et simple.

« Le droit de leurs populations de disposer d'elles-mêmes, comprimé par la force, persiste, et reparaîtra aussitôt que cette force aura cessé d'exister. »

Quelque imparfaite que soit cette

esquisse des efforts tentés, de notre temps, pour parvenir à réaliser cette grande idée : La paix entre les hommes ! il nous semble que la seule énumération des faits établit deux grandes catégories :

L'une, où se rangent les Sociétés anglaises, les Sociétés américaines, la Ligue internationale et permanente de la paix, et les diverses Sociétés de la paix qui se sont récemment formées en Hollande sous l'inspiration et sur les traces des premières ; l'autre, qui n'est formée que par la Ligue internationale de la paix et de la liberté.

D'un côté, la pure charité, le sentiment très-grand, très-beau, très-noble de la fraternité fondée sur le christianisme ; de l'autre, dans toute sa force et sa pureté, le Droit fondé sur la justice.

Sans prêter à la Ligue internationale de la paix et de la liberté une pensée de dogmatisme qu'elle a pris elle-même soin de répudier dans ses circulaires (1), nous la louerons de s'être seule, parmi les sociétés de la paix, hardiment et largement assise sur une base scientifique. La Ligue suit directement la tradition de la Révolution européenne de 1789 ; elle est fille de Kant et se porte pour héritière de la philosophie du dix-huitième siècle ; elle ne s'est point contentée d'affirmer que le seul moyen pratique de fonder la paix était

(1) Circulaire du 1er novembre 1868.

de constituer, en regard de la République helvétique et de la République des États-Unis d'Amérique, une fédération analogue parmi les peuples d'Europe; elle a très-bien compris que, pour être durable, cette fédération devait être l'expression même du droit moderne, et que, pour en préparer la formation, il fallait faire, tout à la fois, œuvre de science et de politique.

Ce caractère de la Ligue est fait, à notre avis, pour rassurer les esprits trop prompts à s'effrayer, qui l'accusent volontiers d'être subversive. La Ligue ne marche point au hasard des passions, et fait voir à découvert de quelles lumières elle éclaire son chemin. Ceux-là mêmes qui peuvent croire que la Ligue a quelquefois fait fausse

route, et que la doctrine à laquelle elle
se rattache est sinon tout à fait erro-
née, au moins incomplète, doivent, il
nous semble, rendre hommage à la
loyauté de cette tentative généreuse. En déclarant, dans son dernier
congrès, que la question politique,
la question sociale, la question morale n'avaient toutes les trois qu'un
même principe : la Justice, et que la
Justice, dont on parle si souvent sans
la définir, n'est, elle-mème, que l'application du principe de l'autonomie de
la personne, la Ligue nous paraît
avoir non-seulement enchaîné toutes
les vérités pratiques déclarées par elle
depuis son origine, mais posé, en face
du vieux principe d'autorité, le vrai
principe du droit moderne. Les pen-
seurs et les politiques doivent voir

clairement aujourd'hui l'origine, le but, l'esprit et la méthode de la Ligue ; elle marche à l'achèvement de l'œuvre de la Révolution qui est la Paix, la paix civile, la paix internationale, la paix entre les individus, la paix entre les nations, la paix, non-seulement par la Fraternité, mais aussi par l'Égalité et par la Liberté, la paix par le respect universel de la personne et de la vie humaines.

Cette remarque est de grande importance, en l'état présent de l'Europe. La Ligue internationale de la paix et de la liberté a toujours évité l'erreur que l'on peut appeler cosmopolitique, où l'exagération du principe de la fraternité a naturellement poussé les autres Sociétés de la paix. Elle ne détruit point l'idée de patrie, elle lui donne, au contraire, toute sa force et tout son relief ; elle a grandement contribué à éclaircir l'idée de fédération. Ce n'est point du tout à la République universelle que nous conduit la Ligue ; elle ne noie point le droit individuel dans le sentimentalisme humanitaire. Qui dit fédération, dit droit individuel ; qui dit droit individuel, dit droit national, et maintien, par l'association même, de l'autonomie, de l'unité propre et personnelle de chacun des associés.

Nous ne pouvons terminer ce rapide historique des travaux de la Ligue, sans dire quelques mots de la tentative généreuse que poursuit, en ce moment même, l'un de ses fondateurs. M. Amand Gœgg, l'un des deux vice-

présidents actuels du Comité central,
est parti, à la fin de février 1872, sur
le vapeur *l'Abyssinia,* pour aller, à ses
frais et à ceux d'un ami, demander au
peuple des États-Unis d'Amérique, aide
et assistance en faveur des États-Unis
d'Europe. M. Gœgg a reçu en Amérique l'accueil que méritaient son dévoue-
ment, sa réputation et son éloquence;
à New-York, à Boston, à Philadelphie,
à Baltimore, à Washington, en vingt
autres villes, M. Gœgg, en allemand,
en anglais, en français a déjà exposé la
situation générale de l'Europe, politique et sociale, et raconté les débuts et
les efforts de la Ligue dont il est le
représentant et le missionnaire. A
Boston, à New-York des Comités com-
mencent à se former et se mettent
chaque jour en relation avec le Comité

central de la Ligue, et le journal *les États-Unis d'Europe,* du 2 mai, contenait la traduction de la résolution que la Société universelle de la paix de Philadelphie a votée, il y a deux mois, en faveur de M. Gœgg. M. Gœgg ne doit point rentrer en Europe avant le milieu de juillet.

V I

Les États-Unis d'Europe.

Ce mot qui est encore une prophétie, devenue déjà cependant un programme et une formule, est entré dans la langue politique par un jour de tempête (1).

Le 17 juillet 1851, on discutait à

(1) Mazzini avait depuis longtemps vu et affirmé l'idée de la Fédération européenne, mais il ne l'avait point définie en la nommant.

l'Assemblée législative française la proposition insidieuse d'une révision de la constitution. L'Assemblée était tombée dans le piége du 31 mai. Victor Hugo était à la tribune, combattant la proposition. La Droite furieuse écumait ; c'était une pluie d'interruptions, une avalanche d'invectives, une grêle de sarcasmes ; le vieux droit féodal et monarchique se heurtait contre le droit moderne. Le grand poëte, devenu un grand orateur, amené par le sujet et par la colère même de ses ennemis à peindre en quelques traits l'avenir qui resplendissait devant lui, s'écria :

« Oui ! le peuple français a taillé dans un granit indestructible et posé au milieu du vieux continent monarchique, la première assise de cet im-

mense édifice qui s'appellera un jour :
les ÉTATS-UNIS D'EUROPE ! »

En trois mots, Victor Hugo résumait
Kant ! Cela fit beaucoup rire ces mes-
sieurs de la Droite. Leurs rires sont
au *Moniteur*.

Rendons-nous compte de cette formule, et pour mieux comprendre ce
que pourront devenir les *États-Unis
d'Europe*, étudions rapidement les
États-Unis d'Amérique.

Les États que réunit en un seul
corps la fédération américaine, sont
au nombre de trente-six. Chacun de
ces États est une nation à part ;
chacun a ses frontières, chacun son
parlement, chacun son gouvernement,

ses magistrats, sa police, ses finances, son drapeau ; chacun est régi par des lois qu'il fait lui-même. Notons ce point fort essentiel : chacun a sa milice, aucun n'a d'armée. Quelque différence qu'il y ait entre eux de richesse, de forces, de population, de territoire, chaque État a sa pleine indépendance, sa pleine autonomie, chacun vit à sa guise et travaille en sécurité. New-York a quatre millions d'habitants; Rhode-Island en a deux cent mille à peine.

Comment cela? C'est que chacun est uni à tous les autres par le lien très-fort d'un gouvernement fédéral. Ces trente-six nations, ces trente-six États ne forment qu'un seul peuple, « le peuple des États-Unis d'Amérique ». En même temps que les intérêts particuliers de chaque État sont administrés et gouvernés par cet État lui-même, selon des règles et avec des formes qui varient d'État à État, les intérêts généraux de ce peuple sont administrés par un gouvernement général à la formation duquel, par l'effet d'un mécanisme très-simple, ont concouru, à la fois, tous les citoyens individuellement sans distinction d'origine, et chacun des États considéré lui-même comme une unité.

Deux Chambres composent le Congrès américain : la Chambre des Représentants, dont les membres sont élus tous les deux ans directement par les citoyens de l'Union, à quelque État qu'ils appartiennent ; le nombre des

représentants à élire dans chaque État
étant proportionnel à sa population à
raison d'un représentant pour 30,000
habitants ; le Sénat dont les membres
sont choisis par les États à raison de
deux sénateurs par chaque État, élus
par la législature de l'État ; ce Sénat
renouvelable par tiers tous les deux
ans.

Le Pouvoir Exécutif est confié à un
Président élu tous les quatre ans par
un corps électoral composé, dans chaque État, d'un nombre d'électeurs égal
au nombre total de représentants et
de sénateurs que l'État envoie au
congrès.

Enfin le Pouvoir Judiciaire fédéral
est confié à une Cour suprême et aux

autres cours inférieures que le Congrès peut instituer de temps à autre. La nomination des juges appartient au Président des États-Unis. La compétence du Pouvoir Judiciaire fédéral s'étend : à toutes les causes de droit et d'équité qui peuvent s'élever à propos de l'application de la constitution des lois des États-Unis et des traités faits par eux ; à toute cause concernant les ambassadeurs et les consuls ; à toute cause où les États-Unis sont parties; aux contestations entre deux ou plusieurs États ; entre un État et des citoyens d'un autre État; entre des citoyens d'États différents; entre des citoyens du même État réclamant des terres en vertu de concessions émanées de différents États; entre un État ou des citoyens de cet État et des États étrangers, leurs citoyens ou sujets.

L'ensemble de ces quatre grands organes : la Chambre des représentants, le Sénat, le Président, la Cour suprême, forme le gouvernement fédéral, le gouvernement des États-Unis d'Amérique dont le siége est établi à Washington, sur un territoire qui n'appartient à aucun État en particulier.

Le Congrès établit et fait percevoir les taxes, droits, impôts et excises; il paye les dettes publiques, pourvoit à la défense commune; il contracte les emprunts au nom des États-Unis; il bat monnaie, en détermine le titre et la valeur; il fixe l'étalon des poids et mesures.

Le Congrès administre la poste,

institue les tribunaux subordonnés à la Cour suprême ; il déclare la guerre, lève et entretient des armées, mais ne peut voter pour plus de deux ans aucune somme applicable à cet objet ; il organise les forces de terre et de mer ; il fait convoquer la milice pour assurer l'exécution des lois de l'Union, pour réprimer les insurrections et repousser les´ invasions.

Le Congrès a le pouvoir de faire toutes les lois nécessaires pour l'exercice des pouvoirs qui lui ont été accordés, et de tous autres dont la constitution a investi le gouvernement des États-Unis ou une de ses branches.

Le Président a presque entièrement le pouvoir exécutif ; il commande en chef l'armée, les flottes et la milice des divers États quand elle est appelée au service actif des États-Unis; il fait les traités, mais du consentement et de l'avis du Sénat; il nomme les juges de la Cour suprême et les ambassadeurs, mais toujours de l'avis et avec le consentement du Sénat.

Les bills et toute résolution ou vote pour lequel le concours des deux Chambres est nécessaire, doivent être approuvés par le Président des États-Unis avant de recevoir exécution. Si le Président rejette le bill il doit pour prendre force de loi être adopté de nouveau par les deux tiers des membres des deux Chambres.

Trois dispositions générales lient et cimentent les diverses parties de la constitution :

1° Aucun État ne peut contracter ni alliance, ni traité, ni confédération, ni battre monnaie, ni émettre des billets de crédit ; 2° aucun ne peut établir sans le consentement du Congrès aucun impôt sur ses importations et ses exportations ; 3° aucun ne peut entretenir des troupes ou des vaisseaux de guerre en temps de paix, ni s'engager dans aucune guerre.

Les États-Unis garantissent à tous et à chacun des États de l'Union une forme de gouvernement républicaine, et protégent chacun d'eux contre toute invasion, aussi bien que contre toute violence intérieure, sur la demande de la législature, ou du pouvoir exécutif, si la législature ne peut être invoquée.

La Constitution est perfectible, et

peut être modifiée de deux manières : quand les deux tiers des Chambres jugent nécessaire d'y faire quelque changement ; quand les deux tiers des législatures des divers États demandent, à cette fin, la convocation d'une Convention. Dans l'un et l'autre cas les amendements proposés sont introduits dans la Constitution, s'ils sont adoptés par la législature des trois quarts des États, ou par les trois quarts des conventions formées dans le sein de chacun d'eux, selon que l'un ou l'autre mode de ratification aura été prescrit par le Congrès.

Sur ce simple exposé une première conséquence apparaît : l'inutilité, partant l'économie, d'une force armée considérable ; point d'armée permanente ;

économie perpétuelle des armements dispendieux auxquels sont, plus que jamais en ce moment, condamnées en Europe toutes les puissances. Toutes ces richesses, tout ce travail consacré à préparer, à entretenir des moyens de destruction : six millions d'hommes, six milliards de francs par an, tournés vers la production, appliqués à l'accroissement de la richesse publique et privée !

Transportons maintenant par la pensée, en tenant compte, bien entendu, des modifications nombreuses et considérables exigées par la différence des lieux, des mœurs et des traditions, transportons d'Amérique en Europe la constitution politique dont on vient d'esquisser les traits principaux. A la place des États particuliers dont l'U-

nion forme les États-Unis d'Amérique
mettez les principales nations d'Europe, la France, l'Allemagne, l'Italie,
l'Angleterre, l'Espagne, l'Autriche,
la Grèce, la Belgique, la Suisse,
la Hollande, le Danemark, la Suède ;
supposez, sans vous inquiéter encore des moyens de réalisation, que
ces nations, ou même d'abord quelques-unes, deux ou trois seulement
pour commencer : l'Italie, la France,
la Suisse, la Belgique, l'Angleterre, par
exemple, établissent entre elles une
fédération analogue à la fédération
américaine. Supposez que chacune de
ces nations, chacune bien entendu,
gardant sa pleine autonomie, son indépendance, son gouvernement, son administration intérieure, consente à former
un gouvernement général européen au-

quel serait remise la fonction de régir
et d'administrer les intérêts généraux
et communs de la fédération, de telle
sorte qu'en regard des États-Unis d'A-
mérique nous ayons sur ce bord-ci de
l'Atlantique, les États-Unis d'Europe,
— ne vous attachez pas encore une fois
en ce moment aux difficultés de l'exécution, on les discutera plus tard,— qui
ne serait touché de la puissance, de la
moralité, de la grandeur des résultats?

Tout d'abord une seule armée au lieu
de cinq, ou plutôt une seule organisation militaire, car il serait aisé d'imi-
ter sur ce point, la Suisse et les États-
Unis d'Amérique, et de créer une force
armée toute-puissante composée seulement de milices constituées sur le plan
des milices suisses. Quelle économie!

quels trésors de forces morales intellectuelles et physiques immédiatement retirés au travail destructif, et directement appliqués à la production ! plus de querelles durables, plus de méfiances, plus d'inquiétudes, plus de diplomatie entre les nations fédérées ; elles ne formeraient plus qu'un peuple, et tous les différends internationaux seraient vidés juridiquement par la Cour suprême fédérale.

Plus de douanes ; libre échange, liberté commerciale absolue entre les nations fédérées ; union économique et sociale en même temps que politique ; fédéralisation des questions ; équilibre des conditions de travail et de capitalisation ; champ plus vaste de l'offre et de la demande, économie, sécurité, facilité dans l'exécution et dans l'exploitation des travaux publics.

Nous venons d'esquisser le tableau des biens intérieurs qu'apporterait la confédération aux peuples unis; mais quelle force, quelle sécurité ne leur donnerait-elle point contre les périls extérieurs? Qui pourrait, qui oserait attaquer un groupe de nations solidement unies en un seul peuple, aussi résolu à se défendre qu'à ne point se faire agresseur?

Un des résultats les plus considérables de la fédération, ce serait l'amélioration des mœurs publiques et privées, l'esprit de paix, de concorde et de travail, à la place de l'esprit de haine, de discorde et de méfiance; la reconnaissance publiquement faite et hautement pratiquée de la justice comme unique règle des relations internationales. Quels que soient les abus que l'imperfection humaine laisse toujours pénétrer à travers les meilleures institutions, il est évident pourtant que la moralité des lois réagit sur la moralité des individus. Le niveau moral et intellectuel des nations fédérées s'élèverait avec le niveau de leur bien-être et de leur richesse.

Si nous voulons avoir maintenant la mesure des difficultés que doit rencontrer l'exécution du plan que nous venons d'esquisser, il faut rechercher et noter les conditions nécessaires à la formation, à la solidité, à la durée de la fédération.

La première de toutes ces conditions, c'est que la fédération soit bien comprise et franchement voulue, non-seulement par le gouvernement de chacune des nations appelées à la former, mais par la grande majorité des citoyens composant cette nation. La Sainte-Alliance des rois peut se bâcler et se maintenir, un temps, par la force et par la ruse; mais le principe même de la fédération veut que les membres de ce grand corps, puisqu'ils doivent, après l'union, garder leur pleine liberté, n'entrent dans l'alliance que par un acte de libre adhésion et de pleine volonté. L'adhésion des gouvernements ne suffirait pas; il y faut l'assentiment explicite, le vote formel des citoyens, tout au moins de leurs représentants spécialement autorisés à cette fin.

Une seconde condition : c'est l'homogénéité des constitutions particulières de chaque nation. Non qu'il soit absolument nécessaire que les constitutions intérieures de chaque nation soient identiquement pareilles, l'exemple des Cantons suisses et des États américains prouve le contraire; mais il est trop évident qu'il ne doit pas y avoir de contradiction de principe entre la constitution fédérale et les constitutions particulières des États. La première, par exemple, ne peut s'appuyer sur la souveraineté de la personne humaine, et les autres sur le droit divin; une telle contradiction, s'il était possible qu'elle ne fît point immédiatement obstacle à la formation du lien fédéral, serait assurément un germe de lutte et de dissolution. Plus il y aura de rap-

ports entre la constitution fédérale et
les constitutions particulières, plus
l'action et le concours des divers corps
de nations qui s'unissent sera facile et
heureuse; l'Union américaine et plus
encore peut-être l'Union helvétique
doivent servir d'exemple.

Voilà sans doute pourquoi la Ligue
internationale de la paix et de la liberté
esquissant la théorie des États-Unis
d'Europe, a rangé, catégoriquement,
parmi les conditions que doivent remplir
les nations qui voudraient se fédérer
l'existence préalable chez chacune
d'elles du gouvernement républicain.
Il faut ajouter que l'étiquette républicaine toute seule ne serait point suffisante, le signe caractéristique de la
République est la pleine et entière

possession qu'une nation a d'elle-même,
et le libre exercice du suffrage universel
est le moyen nécessaire qu'elle doit avoir
d'exercer son autonomie.

La faiblesse de la constitution germanique qui, après avoir été au commencement du siècle si facilement dé-
composée et recomposée par Napoléon Ier
et par la Sainte-Alliance, n'a point
résisté trois mois à l'action dissolvante
de la Prusse, est la preuve éclatante
de la nécessité d'une très-grande homogénéité entre les diverses parties d'une
fédération.

Une autre condition qui suppose la
précédente, est que le lien fédératif
soit extrêmement fort. Nous avons
relevé plus haut, dans l'analyse de la
constitution des États-Unis d'Amérique,

les dispositions si précises et si claires qui assurent, par la séparation des sphères d'action, tout ensemble l'indépendance des États et la prépondérance du gouvernement fédéral. La solidité de la constitution tient beaucoup à cette division. M. Seeley, qui a prononcé il y a un an, en Angleterre, un fort bon discours sur la formation des États-Unis d'Europe, a remarqué très-justement que l'Union américaine qui avait assez médiocrement prospéré pendant ses premières années, n'a pris la vigueur que nous lui voyons, qu'à partir du jour où réformant sa première constitution, elle a définitivement adopté en 1787 celle que nous avons analysée.

Une dernière condition, tout à fait indispensable et qui se rencontre éga-

lement dans la constitution helvétique
et dans la constitution américaine, c'est
que la constitution soit perfectible. Les
peuples sont des êtres vivants et le
progrès est la condition de toute vie.
Les générations ne reçoivent la tradition
et ne la continuent qu'en la modifiant et
en la développant, l'élasticité des institutions politiques et sociales est donc
une nécessité absolue et une garantie
de paix indispensable. Cette perfectibi-
lité de la constitution n'est d'ailleurs
que l'application du principe d'autonomie qui ne permet point qu'une géné-
ration puisse lier valablement les générations qui la suivront.

Ces quatre conditions posées et re-
connues nécessaires pour la formation
de la confédération européenne, on peut

ramener à quatre obstacles principaux les difficultés qui s'opposent à son établissement :

L'intérêt dynastique ;

L'intérêt clérical ;

L'ignorance populaire ;

L'orgueil national.

L'INTÉRÊT DYNASTIQUE.

La contradiction entre les intérêts dynastiques et l'intérêt des peuples est manifeste. Cette contradiction existe en droit et en fait.

Le Droit moderne heurte de front le

Droit ancien ; l'un semble la négation de l'autre ; entre les deux il ne peut y avoir d'alliance véritable, et tout compromis est une illusion ou une hypocrisie.

Suivant le Droit ancien, pris dans sa pureté, les peuples sont de par Dieu soumis aux princes, aux rois, aux empereurs ; ils doivent l'obéissance, et l'image habituellement employée du bon pasteur et de ses brebis n'est que l'expression poétiquement adoucie du droit de gestion, du droit de propriété absolue que les rois s'arrogent sur les sujets. « Sire, tout ce peuple est à vous. » Il n'est point ici question de cité ni de citoyens.

Le principe du Droit moderne : que

tout homme et toute femme s'appartiennent à soi-même ; qu'il n'a d'autre souverain que sa conscience, que les peuples,
associations d'hommes et de femmes,
sont aussi par conséquence du même
principe, maîtres d'eux-mêmes ; qu'ils
ont le droit inaliénable et imprescriptible de choisir, de nommer, de révo-
quer, de remplacer les magistrats
qu'ils se donnent, que le suffrage universel, seul mode possible de l'exercice de ce droit, est le moyen d'ordre
suprême des sociétés, toute cette doctrine qui est la doctrine même de la
paix parce qu'elle est la doctrine de la
liberté, est tenue par les empereurs et
par les rois pour fausse et condam-
nable au premier chef.

Entre ces deux principes : la souve-

raineté du peuple basée sur la souveraineté de la conscience individuelle,
et la souveraineté royale ou impériale
fondée sur le droit divin, logiquement
il n'y a point de transaction. Deman-
dez plutôt à M. de Chambord?

Les monarchies qu'on appelle tem-
pérées, parlementaires, constitution-
nelles, sont au fond de véritables para-
logismes, elles sont des compromis,
des termes de passage entre le droit
ancien et le droit nouveau. Les gouvernements de cette espèce, quelle que
soit leur ancienneté, quelque grande que
semble leur solidité extérieure, portent
attaché à leur flanc le pétard qui les
fera sauter; ils sont fatalement condamnés à disparaître; ils ne peuvent
se perpétuer que par l'ignorance et

l'apathie des peuples, et aussi longtemps seulement que le suffrage universel n'étant pas établi chez eux, la
contradiction qui existe, entre les deux
principes sur la confusion desquels ils
reposent, demeure voilée. Mais, dès
l'instant qu'il sera reconnu, ainsi que le
roi de Hollande vient de le déclarer
avec une rare imprudence, que « les rois
sont faits pour les peuples et non les
peuples pour les rois ; » qu'ils tiennent
leur pouvoir du peuple et que leur droit
n'a point d'autre fondement, dès cette
minute la conséquence apparaît : ce
pouvoir est temporaire ; le contrat qui
lie le peuple au roi est essentiellement
révocable, car c'est un mandat ; or tout
mandataire est responsable et n'a de
pouvoirs que ceux qui lui ont été délé-
gués. Comment donc une telle délé-

gation serait-elle héréditaire? Ce n'est point la monarchie, c'est-à-dire le gouvernement d'un seul qui est en principe incompatible avec le Droit, c'est l'hérédité, c'est-à-dire la Dynastie.

Contre la monarchie, c'est-à-dire contre la confusion des pouvoirs, il y a d'autres raisons, mais au point de vue où nous prenons les choses, c'est la transmission héréditaire du pouvoir qui est la pierre d'achoppement.

Cette contradiction si nette entre le principe dynastique, et le principe du droit : la souveraineté du peuple, fait voir clairement combien l'intérêt dynastique est contraire, en soi, à l'intérêt populaire. L'intérêt du peuple est de traduire le droit en fait par l'établissement du gouvernement républicain ; l'intérêt des dynasties est sans contredit le maintien des dynasties. Le régime politique est pour les dynastes une question de famille ; il y a donc forcément lutte entre les peuples et les rois, lutte de principe où la question débattue est tout simplement l'existence des rois.

Une des premières conséquences, c'est l'intérêt qu'ont les rois à maintenir les armées permanentes, et l'intérêt qu'ont tous les peuples à les supprimer. Entre les mains des rois les armées ne sont point seulement des instruments de défense, ou même de conquête à l'extérieur ; elles sont aussi, on peut dire avant tout, des instruments de compression à l'intérieur. Les aspirations populaires vont naturellement à faire disparaitre les dynasties, et il est trop clair que les dynasties tendent, par simple esprit de conservation, à refouler par la force les aspirations populaires.

On appelle cela maintenir l'ordre.

D'un autre côté et pour d'autres raisons, les rois, les empereurs, les princes, les courtisans ne peuvent avoir pour détester la guerre, — nous entendons la guerre extérieure, — les motifs qui la font haïr par les peuples. La guerre rapporte aux rois, aux empereurs et aux princes honneur, profit et gloire; il est infiniment rare que leur personne y coure aucun péril, « le boulet qui doit les tuer n'est jamais fondu ; » les plus belliqueux sont morts dans leur lit ; leur existence, leur liste civile, leurs bénéfices même ne sont jamais atteints par les dépenses de la guerre ; ils passent sous les arcs de triomphe, ils reçoivent l'encens des *Te Deum,* et s'inquiètent peu du sang qui teint les lauriers dont ils ceignent leur tête. Pourquoi donc haïraient-ils la guerre ?

Au contraire, le peuple qui paye de sa bourse et de sa vie, le peuple qui voit ravager ses moissons, brûler ses villages, détruire son travail, périr ses jeunes hommes, et le plus pur de son sang versé par les chemins comme de l'eau, le peuple qui fournit *la chair à canon* a toute raison de détester la guerre. Tout pousse les rois à la guerre, tout pousse les peuples à la paix.

Il faut donc s'attendre à voir partout les dynasties, ouvertement ou secrètement, hostiles à l'établissement d'une fédération de peuples, dont l'effet immédiat serait de leur retirer le droit de paix et de guerre, et dont la formation prépare inévitablement leur affaiblissement et leur chute.

Cette première difficulté ne peut être vaincue que par l'obstination que mettront les peuples à maintenir leur droit partout où il est reconnu, à l'établir partout où il est contesté. Question de lumières et de propagande.

Cependant la logique, qui finit tou-

jours par l'emporter, ne règne nulle part
d'une façon absolue; les choses se font
la plupart du temps par degrés et par tem-
pérament. Ainsi procède la nature. Il
est certain que cette nécessité que fait
voir la Raison de constituer la fédération européenne sous la forme républicaine, et même d'exiger que les peuples
qui entreront les premiers en fédération
soient eux-mêmes constitués en République, sans quoi l'hétérogénéité des
parties empêcherait la solidité de l'ensemble, est un obstacle considérable et
qui peut retarder longtemps chez certaines nations la formation des États-
Unis d'Europe; l'Angleterre, par exemple, si profondément engagée par la tradition, par le préjugé dans le culte de
l'aristocratie et de la monarchie parlementaire, paraît dans ce cas. La ques-

tion sociale y sera peut-être mûre
avant la question politique. Mais ne
peut-on concevoir que l'Union européenne, une fois bien fondée entre deux
ou trois Républiques, petites ou
grandes, puisse s'étendre même à des
monarchies? Quelque contradiction logique qu'il y ait entre le suffrage universel et l'existence d'une dynastie, on
peut admettre qu'en fait un roi cons-
titutionnel se laisse enlever successive-
ment, outre le droit de frapper l'impôt
que les rois parlementaires ont tous à
peu près perdu, le droit de faire la paix
et la guerre, le droit de conclure les
traités de commerce ; que les armées
permanentes soient remplacées par une
milice nationale, et qu'il soit à peu
près entendu que la transmission du
pouvoir exécutif ne se fait héréditaire-

ment que sous le bénéfice d'une ratification plus ou moins explicite par le
suffrage universel. On ne voit guère
alors pourquoi une nation en pleine
possession du suffrage universel, maîtresse de ses destinées, remplissant
d'ailleurs les conditions nécessaires
pour qu'elle soit en mesure de fournir
à la confédération où elle serait reçue
tous les gages que celle-ci est en droit
d'exiger, ne pourrait point garder dans
la forme intérieure de son gouvernement particulier des apparences main-
tenues par le préjugé et par la tradition. La Suisse nous présente des con-
tradictions plus choquantes, et des
anomalies aussi fortes entre Fribourg,
par exemple, où dominent les jésuites,
Lausanne où l'orthodoxie vaudoise a la
prépondérance, et Genève qui, malgré

les efforts de l'ultramontanisme, maintient le drapeau de la libre-pensée.

Une autre issue se présente à l'esprit. Une fois la Fédération européenne solidement constituée entre deux ou trois Républiques, il est infiniment probable que les nécessités de la pratique et la communauté des intérêts amèneront entre la Fédération et certains gouvernements monarchiques, sinon une fusion jugée des deux parts impossible ou même dangereuse, au moins des alliances défensives, qui, formant autour du noyau pacifique constitué par la Fédération comme une ceinture d'annexes et d'alliés libres, rendront plus solide et plus respectable le boulevard élevé contre la guerre. Les États-Unis d'Europe, une fois constitués, seront l'appui et le refuge naturel des petites nations.

Dans tous les cas, nous l'avons dit déjà, cette première difficulté, si grande qu'elle puisse paraître, doit être vaincue par le progrès naturel et irrésistible qui pousse les peuples à la paix par la liberté. La lumière faite, on ira vers elle ; le drapeau levé et fermement maintenu, on s'y ralliera. Le courant des choses est favorable ; au fond tout, hommes et choses, gravite vers la paix.

L'INTÉRÊT CLÉRICAL.

Si l'on va au fond des choses, on sera surpris de trouver que l'obstacle des

intérêts cléricaux est moins grand
que l'obstacle des intérêts dynastiques.
Assurément la domination du clergé
sur la conscience et sur la fortune des
hommes, ayant pour fondement le principe d'autorité, le droit divin, et ce
droit donnant au clergé, même la tu-
telle et le jugement des rois, le principe du droit moderne, la souveraineté de la conscience individuelle, est
son contraire, on l'a déjà vu; mais la
liberté de conscience et, par conséquent, la liberté religieuse, étant plei-
nement sauvegardées par le droit nouveau, le principe secondaire de la séparation de l'Église et de l'État donne un
moyen pratique d'établir le droit nouveau, sans ruiner tout d'abord l'intérêt
clérical. L'exemple de la Suisse et de
l'Amérique le fait bien voir. C'est au

clergé de conserver, s'il le peut, son influence sur les esprits, et son empire sur les consciences, que la loi nouvelle affranchit et sauvegarde, mais n'enchaîne ni ne confisque.

Les prêtres qui croient sincèrement à la bonté du principe qu'ils défendent, qui sont convaincus dans leur conscience que la vérité est avec eux, et que le triomphe de la vérité est inévitable, ne peuvent faire autrement que d'accepter sincèrement la liberté pour eux et pour leurs adversaires. Ce sont les politiques sacerdotaux, ceux pour lesquels le dogme et le culte sont de purs instruments de domination, ceux qui se montrent si ardents à demander, sous couleur de liberté, le despotisme sur les âmes, et la tyrannie des esprits par leur corruption, ce sont ceux-là qui craignent la lumière. Ceux-là se retranchent derrière l'Encyclique et le Syllabus, ceux-là sont sciemment et volontairement les ennemis de la société moderne.

Mais, sans compter que la droiture native, la bonne foi naturelle, et le bon sens des intérêts, détachent de plus en plus les masses populaires de ce parti des cléricaux à outrance, il y a moins à craindre de ce côté qu'il ne paraît d'abord. Ce haut clergé, conduit depuis un siècle par les jésuites, appuiera certainement les intérêts dynastiques le plus longtemps qu'il le pourra, parce qu'il sait très-bien qu'au fond ses intérêts sont bien plus conformes aux intérêts des rois qu'aux intérêts des peuples, mais comme il obéit exclusivement aux mobiles intéressés de la politique la plus basse, il se perdra par sa corruption même. Les monarchies une fois tombées, on le verra, comme on le voit aujourd'hui en France, intriguer pour tenter leur résurrection, mais on le verra aussi, le jour où la République sera sérieusement fondée, déserter rapidement les ruines de la monarchie, s'accommoder du mieux qu'il pourra avec la République, et tirer, à son profit, bien entendu, le meilleur parti possible de la liberté.

Il n'y a donc point lieu de redouter beaucoup le clergé. La portion du clergé qui est sincère et qui croit elle-même ce qu'elle enseigne, se mettra en rupture avec l'ultramontanisme pour accepter sans arrière-pensée le régime de la liberté ; la portion politique, incrédule et corrompue, s'accommodera par force d'un régime qu'elle n'aura pu empêcher; les premiers nous aideront à vaincre les seconds. Le tout est de maintenir résolûment le principe de la séparation absolue des Églises et de l'État, et le principe non moins absolu de la séparation de l'Église et de l'École.

IGNORANCE POPULAIRE.

Nous n'entendons point par ce mot : ignorance, seulement l'absence à peu près complète d'instruction où végète en France, en Espagne, en Italie, en Autriche, en Russie, en Irlande, la majeure partie du peuple européen, mais la disposition intellectuelle et morale vicieuse où un enseignement faux maintient presque partout les générations nouvelles, non-seulement dans les pays catholiques, mais en bien des · pays protestants.

Presque partout l'esprit humain est faussé par la théorie du surnaturel et du miraculeux. Au lieu de former chaque intelligence à chercher dans l'étude des faits intérieurs et extérieurs les moyens et les objets de la connaissance, les maîtres des écoles primaires et des écoles secondaires, rangés plus ou moins immédiatement sous le joug des différents clergés, suivent dans l'enseignement et dans l'éducation les principes et les méthodes du moyen âge. L'enseignement et l'éducation données dans l'intérieur des familles, à quelques exceptions près, sont asservies à la même routine. Le souffle de l'esprit moderne ne s'est encore répandu qu'à la surface, il n'a point pénétré les couches épaisses et profondes du peuple.

Il y a plus : la lutte qui existe et qui devient chaque jour plus intense entre la pensée libre et la pensée asservie, entre l'esprit philosophique et l'esprit clérical, a pour effet d'atrophier provisoirement le développement de certaines facultés humaines. La haine légitime de la superstition étouffe le sentiment religieux, dont on ose à peine prononcer le nom et rappeler l'existence. Les cœurs se dessèchent pour ne point se corrompre ; le scepticisme envahit les consciences ; les sanctions brutales et ridicules du surnaturalisme perdent heureusement leur empire, mais avant que les sanctions légitimes de la raison et de la morale aient pu fonder le leur. Transition terrible autant qu'inévitable.

Le remède est le même pour l'ignorance proprement dite, et pour l'espèce de dépravation intellectuelle et morale dont nous venons d'esquisser les traits principaux. Réformer la méthode d'enseignement et d'éducation, développer sur l'échelle la plus large la culture des esprits et des cœurs, chercher et dire à tous et à toutes la vérité.

L'exemple de la Suisse et des États-Unis d'Amérique est là pour nous servir d'encouragement et de guide. Ni les

États américains ni les Cantons suisses
ne sont entièrement dégagés des faus-
ses méthodes et du mauvais enseignement; le protestantisme y a répandu
l'esprit de libre examen, et dressé les individus au gouvernement d'eux-mêmes,
mais ni de l'un ni de l'autre côté de l'eau,
l'idéal que nous tâchions d'esquisser
tout à l'heure n'est atteint; des deux
parts cependant la voix de l'intérêt a
été de bonne heure assez forte et les
esprits assez éclairés pour que la notion de la liberté individuelle et l'idée
de la fédération y soient devenues
familières, et pour que l'immense majorité des citoyens y pratiquent avec une
intelligence suffisante les institutions
républicaines fédératives. Or, quand on
cherche à se rendre compte de la façon
dont s'est faite l'éducation politique de

ces deux peuples on trouve que la principale raison de leur développement gît dans le développement immense qu'a pris de bonne heure chez l'un et chez l'autre l'instruction publique.

Ce fait incontestable doit nous guider. La paix par la liberté, la liberté par l'instruction, ce programme résume en trois mots notre devoir et notre intérêt. Le premier obstacle qu'il faut enlever, le premier ennemi qu'il faut combattre, c'est l'ignorance. L'évolution politique dont le terme doit être la création des États-Unis d'Europe, puisqu'elle a pour point de départ la pleine liberté, l'entier développement de l'individu, est impossible à réaliser sans le concours spontané des citoyens ; la force n'y peut rien ; la violence l'étouf-

ferait au lieu de l'avancer ; il n'est
donc qu'un moyen de la faire naître, de
la développer et de l'accomplir : c'est
l'affranchissement complet des individus par la diffusion de la science. Pro-
pager, fonder, développer l'instruction
publique et privée, c'est aujourd'hui
plus que jamais le commencement de la
sagesse.

L'ORGUEIL NATIONAL.

L'obstacle le plus grand à l'établissement d'une Fédération républicaine
des peuples, est peut-être l'orgueil national dont chacun est infatué. Sous le
beau nom de patriotisme, cet orgueil
nourrit les passions les plus contraires

au bonheur, à la paix et à la justice.

Toute une école politique, si ennemie qu'elle se dise et qu'elle se croie du principe dynastique, transporte simplement, des rois aux peuples, l'idée, les attributs, les effets de la souveraineté conçue selon le droit divin. Pour ces esprits, mal dégagés du préjugé théologique et féodal, le Peuple est une idole mise à la place d'une autre idole. On sacrifie l'individu à la République tout comme les monarchistes le sacrifient à la royauté; des deux côtés la raison d'État. On a changé d'autel, de sacrificateur et de divinité, mais la victime reste la même. Si l'on va au fond des choses, on découvre que le dogme de la souveraineté du peuple, entendu comme beaucoup le comprennent, n'est guère plus conforme à la justice que le dogme de la souveraineté royale.

S'il est vrai, comme l'enseigne la Morale, que la Personne doive être autonome, c'est-à-dire qu'elle ne doive obéir qu'à sa propre conscience éclairrée par la raison, et ne reconnaître de loi que celle qu'elle a faite ou consentie, il est trop clair que le Peuple, c'est-à-dire tous les autres membres du corps politique et social dont je fais partie, n'est pas plus mon maître que ne peut l'être le roi ou l'empereur. D'où lui viendrait sa maîtrise ? Pourquoi le pluriel commanderait-il au singulier? Le nombre, c'est la force ; la force n'est pas le droit. La souveraineté, prise en ce sens et avec cette extension : décréter le vrai, créer le juste, déclarer et imposer par force la vérité, n'existe pas plus dans le Peuple que chez le Roi. A proprement parler, il n'y a pas de souverain.

Quel sera donc, dans le for intérieur, dans la cité, dans la nation, en administration et en gouvernement, la raison d'obéissance aux lois? Tout simplement le consentement libre que les citoyens donnent explicitement ou implicitement à ces lois. Consentement implicite tant que le citoyen n'est point en âge ou en situation de se rendre un compte exact de ses devoirs et de ses droits, consentement explicite lorsque, exerçant ses droits civils, civiques et politiques, il est devenu par le suffrage universel membre du gouvernement.

Ce n'est donc pas un vain mot que de

dire que tout peuple est maître de lui-
même, que toute aliénation qu'il ferait
de soi-même est un crime; un crime
aussi, et à plus forte raison, toute aliénation, toute usurpation, toute acqui-
sition qu'un tiers, Peuple ou Roi, République ou Monarchie, ferait de ce
peuple et de son sol. Cela n'est point
douteux. Mais il faut bien voir que ce
qui constitue ce crime, c'est qu'il impli-
que la violation de l'autonomie des personnes qui composent ce peuple.

Un peuple. — groupe de personnes
unies volontairement,— n'a point, plus
que chacune des personnes qui le composent, le droit de violenter une personne. Un tel droit n'est pas et ne peut
pas être. Un peuple n'a pas plus
qu'un roi, un roi n'a pas plus qu'un

chef de brigands, le droit de conquête, le droit de meurtre, le droit d'incendie, le droit de viol, le droit de pillage, le droit d'annexion. Un peuple a tout simplement, comme l'a une personne, ni plus ni moins, le droit de défense. Défense, oui ; conquête, non ! Ce droit est individuel : il réside dans la personne. Il n'y a point deux morales : une morale privée obligeant l'individu : une autre permettant aux rois, aux empereurs, aux peuples des actes réprouvés entre particuliers.

Quand Napoléon III déclara sans raison la guerre à l'Allemagne, il n'y avait point de patriotisme français qui pût faire que le droit ne fût tout entier du côté de l'Allemagne, puisque l'Allemagne attaquée se faisait, ou ne paraissait faire que se défendre, et lorsque, Sedan pris, Napoléon déchu, la République établie à la place de l'empire, Guillaume refusa la paix et prétendit garder l'Alsace et la Lorraine, il n'y eut point de patriotisme allemand qui n'eût dû reconnaître que le droit était tout entier passé du côté de la France; en sorte qu'aussi longtemps que l'Alsace et la Lorraine seront retenues dans la captivité où l'Allemagne les a mises, la France aura non-seulement le droit, mais le devoir de les délivrer.

Ces vérités, devant lesquelles il nous semble que doit s'incliner quiconque, observant le droit ancien, professe le principe de justice sur lequel s'appuie le droit nouveau, les passions politiques les couvrent souvent de nuages épais.

Les peuples ont, comme les individus, et souvent avec plus d'ardeur et d'aveuglement, leur égoïsme, leur infatuation. Ils mettent leur gloire, leur dignité, leur honneur, à se faire justice par la force, à ne reconnaître d'autre tribunal que leur propre arbitre, à répéter cette sotte et brutale maxime des rois : « Dieu et mon épée ! »

Ce fanatisme patriotique dont l'Allemagne et la France, si disposées à s'unir il y a six ans, donnent aujourd'hui un exemple déplorable, est certainement un obstacle, le plus grand obstacle peut-être, à la création d'une fédération de peuples, mais il est évident que l'intérêt des peuples, d'accord avec la justice et la dignité, demande sa disparition.

Laissons la justice parler la première : Est-ce par la force brutale ou par la raison que doivent se vider les différends entre les hommes ? Le même principe qui, par toute l'Europe, a fait instituer des tribunaux pour juger les difficultés qui naissent entre les particuliers, ne demande-t-il point, à plus forte raison, que les querelles qui naissent entre les peuples soient résolues par le même moyen ? Plus les intérêts sont considérables, plus les conséquences des conflits sont graves, plus il importe que l'apaisement se fasse par les voies de la justice. Qui oserait dire de bonne foi que les petits procès doivent trouver leur fin par la raison, et les grands par la violence ? Que l'on doive plaider quand on est un contre un, et s'égorger quand on est quarante millions d'hommes contre quarante millions d'hommes?

En ce qui touche la dignité, nous demandons qu'on veuille nous dire en quoi l'honneur d'une nation peut être entaché par la formation volontaire d'une fédération dans laquelle chaque nation serait l'égale de toutes les autres; où chacune cependant exercerait naturellement une influence proportionnée à ses lumières, à sa science, à sa raison; dont la première condition serait le désarmement universel? Où la première loi, et fondamentale, serait le respect absolu de l'indépendance de chacun, garantie par tous? Quelle ambition plus noble et plus haute une nation peut-elle avoir que d'être maîtresse d'elle-même, en pleine jouissance de ses facultés natu-

relles ou acquises, assurée de sa liberté,
régie par les lois qu'elle aura faites ?

L'intérêt qu'ont les peuples à se fédérer est plus visible que le soleil.
La guerre est le plus grand des fléaux.
Ce que la guerre coûte aux hommes
pendant qu'elle sévit, ce qu'elle coûte
surtout pendant l'état de fausse paix,
qui est l'état habituel de l'Europe, est
véritablement incalculable. Ce n'est
pas assez de porter en compte les va-
leurs matériellement consommées par
l'entretien des armées et des armements,
il faut ajouter, pour être exact, la perte,
vraiment incommensurable, de tant de
forces intellectuelles, sentimentales et
physiques, qui s'emploient à détruire
au lieu d'être tournées à la production.

La fédération européenne n'étoufferait pas seulement les germes des guerres politiques, il est une autre guerre plus redoutable qui ne peut trouver son remède préventif que dans une vaste généralisation des intérêts. Nous parlons de la guerre sociale qui, même lorsqu'elle ne prend point la forme horrible de la guerre civile, travaille sourdement à cette heure tous les pays de l'Europe. Nous parlons de la lutte entre les capitalistes et les travailleurs, entre ceux qui possèdent de fait les instruments du travail, et ceux qui, de fait, viennent au monde sans que la dette de l'éducation et de l'instruction soit assurée envers eux. Nous ne voulons point, même de loin, aborder la question sociale, ce n'est point le lieu ; mais nous laisserions notre sujet incomplet, si nous négligions d'indiquer

l'aide que l'établissement de la fédération peut seul donner pour la solution
pratique des questions de cet ordre.

Deux considérations capitales nous
frappent. D'abord la facilité que l'unité
d'un même gouvernement européen
apporterait à la solution de la plupart
des questions, commerciales, agricoles,
manufacturières. L'équilibre des pro-
ductions et des consommations, la ba-
lance des prix de revient et des prix de
vente se faisant librement entre cinq
ou six grands marchés, n'étant plus
contrarié, ni faussé, ni violenté par
l'instabilité des combinaisons artifi-
cielles de vingt politiques contraires;
la liberté commerciale établie sur ses
vraies bases : la division des travaux et
la répartition selon les aptitudes. La

vraie paix, la paix définitive, assurée,
les lois économiques naturelles se dé-
ιouleraient et se manifesteraient dans
leur vérité, avec toute leur énergie. Le
champ de la lutte économique devien-
drait si vaste, et son étendue serait si
parfaitement nettoyée, que les résultats
de toutes les combinaisons seraient
pour ainsi dire calculables à la minute.
Quelle grève par exemple que celle
d'une branche de travail frappant toute
l'Europe, toute l'Amérique, ou même
les deux contrées à la fois ! La certitude
et l'immensité du désastre suffiraient à
l'empêcher. Quelle facilité pour cher
cher et constituer des arbitres ! pour
rassembler sur un même point tous les
éléments d'une même question ! Pourquoi, d'ailleurs, les nations des États-
Unis d'Europe ne constitueraient-elles

point par leurs libres suffrages un tribunal chargé de résoudre les questions de l'ordre économique? Une Chambre Syndicale européenne? Les Prud'hommes d'Europe?

Une autre considération : quelquesoit l'aspect sous lequel on envisage les solutions que peuvent recevoir les questions sociales, on doit reconnaître qu'un accroissement considérable et prompt de la richesse générale serait d'un secours puissant. Si l'on pense, par exemple, avec le dernier Congrès de la paix et de la liberté (Lausanne, 1871), que l'instruction et l'éducation gratuite soient une dette dont la Propriété doit rester justement grevée envers le Travail, il est certain que l'acquittement de cette dette entraînera une

énorme dépense. Où trouver les res-
sources nécessaires? Or, il est de toute
évidence que la fondation des États-
Unis d'Europe permettrait d'appliquer
à cet emploi la meilleure partie des six
milliards que va coûter à l'Europe le
seul entretien de ses armées. Simple
virement, et légitime celui-là, du dé-
partement de la guerre au départe-
ment de l'instruction publique.

CONCLUSION

A quelle distance sommes-nous, dira plus d'un lecteur, de cette belle utopie?

Nous répondrons hardiment que nous en sommes à la distance que nous voudrons. C'est à chacun de nous de changer cette utopie en réalité. Ne laissons point cette besogne au voisin, comprenons qu'elle doit être, et faisons la nôtre.

Si nous nous sommes expliqué clairement, le lecteur doit voir que le principe sur lequel se fonde la création des États-Unis d'Europe, c'est-à-dire l'établissement juridique d'une Fédération des peuples, est le principe même de la République, lequel n'est autre que le principe même de la morale.

Nous ne pouvons donc, ni dans nos maisons ni dans nos écoles, donner une bonne éducation à nos enfants sans leur enseigner implicitement les États-Unis d'Europe. Nous ne pouvons être justes envers nos ouvriers, envers nos patrons, envers nos maîtres, envers nos serviteurs, sans faire germer les États-Unis d'Europe.

Les États-Unis d'Europe sont en

plein, et comme à cheval, sur la route que suit la révolution, non pas française mais européenne, de 1789 et de 1791 ; il ne se fait rien pour la liberté, rien pour l'égalité, rien pour la fraternité, rien pour l'affranchissement de la femme et de l'enfant, qui ne se fasse pour les États-Unis d'Europe et qui n'avance leur jour. Par contre, il ne se fait rien non plus pour la tyrannie, pour les dynasties, pour l'ignorance, pour la servitude, pour l'obscurcissement des intelligences et des cœurs, qui ne se fasse contre eux ; ils sont dans l'avenir, du côté de la lumière, éloignez-vous des ténèbres, et vous marcherez droit sur eux.

Pour les fonder il n'est point question de détruire les nationalités, d'affaiblir le patriotisme; au contraire, la conception même d'une Fédération enveloppe et suppose une pluralité de nations, une distinction entre les États, une diversité : la patrie, par conséquent; voire même le clocher !

On peut voir maintenant, à ce qu'il semble, de quelle manière se construisent chaque jour, sous nos yeux, par nos mains les États-Unis d'Europe; la besogne avançant ou retardant selon que nous-même avançons ou reculons sur le champ indéfini du progrès. La question pour chacun est d'avoir ou de n'avoir pas conscience de l'œuvre, à laquelle il travaille dans tous les cas, fût-ce en la combattant.

Si nous sommes d'une nation qui

n'a pas encore le suffrage universel,
travaillons, pour notre part, à la rendre digne de le revendiquer et en état
de le conquérir. Si nous sommes d'un
peuple parvenu à ce premier degré d'avancement, exerçons activement et
prudemment notre droit, et aidons nos
compatriotes à le comprendre et à s'en
servir ; appliquons-nous à nommer des
représentants honnêtes, et à savoir,
nous-mêmes, ce que nous devons demander et exiger de nos représentants.

La fédération ne peut s'établir qu'entre des peuples d'une organisation politique assez avancée pour être en
mesure de la constituer, et à parler
rigoureusement, parmi les peuples
d'Europe, un seul, le peuple suisse, est
arrivé à ce point de développement.

Mais il est de toute évidence que la
politique fédérative est la seule que
puisse avoir une République, et qu'aussitôt qu'il y aura en Europe deux Républiques assez fortes, et chacune assise
chez elle sur une base assez solide, pour
offrir à l'autre une garantie, leur union
jettera aussitôt le premier fondement
des États-Unis d'Europe.

Toute cette difficulté, que l'on veut
voir à constituer un gouvernement fédéral européen, vient de ce que nous
ne pouvons nous habituer à concevoir
les gouvernements que sous la forme
que leur donne nécessairement le principe dynastique. Les dynasties sont de
nature jalouse, égoïstes, méfiantes,
hostiles même entre elles. Le besoin
de contenir les peuples et de les mâti-

ner, comme disait La Boétie, peut seul faire entre elles une fausse alliance ; mais c'est tout le contraire pour les républiques dont le principe même est l'association. Supposez la République établie chez deux peuples européens, à peu près comme nous la voyons en Suisse et en Amérique, comme elle sera peut-être demain en France. Qu'y aura-t-il de plus naturel et de plus simple qu'un pacte d'alliance qui unisse les deux nations sous la loi commune d'une fédération instituée par leur concours même ?

On peut donc indiquer, dès aujourd'hui, comme devant, ou tout au moins comme pouvant être le moment précis de la naissance des États-Unis d'Europe, l'époque où deux ou trois des grandes nations européennes se seront, par le simple développement de leurs facultés propres, avancées jusqu'à cet état social et politique où un peuple, véritablement majeur, prend possession de lui-même et se constitue en République.

L'idée moderne de la République étant celle d'un gouvernement fondé sur l'autonomie de la personne humaine, il suit que l'établissement et l'affermissement de la République ne peuvent véritablement se faire que pacifiquement et par le libre assentiment de la grande majorité des citoyens. La République va contre son principe et se détruit elle-même quand elle essaie de se fonder par la ruse ou par la force.

Enseigner la République, c'est donc

enseigner la paix ; prêcher la paix, c'est prêcher la République. Il ne serait point oiseux, mais il serait très-long et fort difficile de constater, par rapport au but que nous venons d'assigner au progrès des peuples, le point d'avancement précis de chacun d'eux. Il serait donc puéril de prétendre indiquer l'heure où l'on verra la paix s'établir sérieusement en Europe par la première réalisation de la grande idée dont nous avons tâché de tracer l'esquisse. Il faut savoir attendre en travaillant, et savoir travailler sans se lasser. Chaque jour on découvre un peu plus d'horizon.

Mais ce que l'histoire nous enseigne, c'est que l'action de la guerre a toujours été suivie d'une grande réaction vers la paix. La conséquence est aisée et pleine d'espérances ; si la guerre ne s'est jamais montrée plus horrible, plus cruelle, plus sanglante, plus inhumaine que nous ne l'avons vue pendant la triste et terrible année qui vient de s'accomplir, peut-être nous est-il permis de croire que nous sommes plus près que nous le fûmes jamais de cette paix véritable et définitive qui, fondée par la liberté sur la justice, mettra pour toujours la force au service du droit.

FIN.

TABLE

DES MATIÈRES

—

FIN DE LA TABLE.

Typog. de Rouge et Cᵉ, rue du Four-St-Germain, 43.